FAO中文出版计划项目丛书

可持续食品冷链：
机遇、挑战和前进之路

联合国粮食及农业组织　联合国环境规划署　编著

张落桐　梁晶晶　宋雨星 等　译

中国农业出版社
联合国粮食及农业组织
联合国环境规划署
2025·北京

引用格式要求：

粮农组织和环境署。2025。《可持续食品冷链：机遇、挑战和前进之路》。中国北京，中国农业出版社。https://doi.org/10.4060/cc0923zh

ISBN 978-92-5-136618-9（粮农组织）

ISBN 978-7-109-33288-1（中国农业出版社）

FAO中文出版计划项目丛书

指 导 委 员 会

主　任　韦正林

副主任　彭廷军　郭娜英　顾卫兵　施　维

委　员　徐　明　王　静　曹海军　董茉莉

　　　　余　扬　傅永东

我们的世界正经历着许多互相关联的危机。气候变化、自然生物多样性减少、污染和浪费，这三重危机正愈演愈烈。与此同时，俄乌冲突和其他旷日持久的冲突抬高了主粮的价格，威胁着诸多国家的粮食安全。危机的不断发生抵消了人们为实现可持续发展目标做出的努力。现在，全球共有 8.28 亿人面临饥饿，30 亿人无法负担健康的膳食。

巨大的粮食损失和浪费加剧了这些危机。据估计，粮食总消费量的 14% 在到达消费者一层之前就已损耗，造成损耗的主要原因是缺乏冷链。本书中将会讲解，应用可持续的食品冷链能大幅减少粮食损耗，从而缓解这些危机。

发生在收获环节后的粮食损耗导致了全球 4.7 亿小农户收入减少约 15%。其中，发展中国家的小农户遭受损失最大。食品冷链排放的温室气体占全球温室气体总排放量的 4%，其中包括冷链运行产生的温室气体和因缺乏冷链而造成的食品损失和浪费。

2050 年，全球人口数量预计将达到 97 亿。为了养活不断增长的人口，粮食产量必须进一步增加，这意味着我们需要加大食品冷链的应用。由于应用食品冷链需要消耗能源，如果不改变其固有的运行方式，气候危机的挑战将会持续加大。

本报告探讨了如何使食品冷链的发展更具可持续性，并提出了一系列重要建议，包括建议政府和冷链利益相关者进行合作，采用系统的方法制定《国家制冷行动计划》，并为计划提供资金和政策支持，以有力执行最低能效标准。

《蒙特利尔议定书》是一项关于减少使用消耗臭氧层的化学物质的环境协定，获得了全世界的广泛共识。之后，《基加利修正案》和《罗马宣言》进一步扩大了这一环保共识的影响，促进全社会提供更加可持续、高效和环保的制冷解决方案。联合国政府间气候变化专门委员会（IPCC）的最新减排报告强调，实现《巴黎协定》目标的关键是在冷链中减少使用制冷剂，从而减少非二氧化碳的排放。

现在，国际社会必须尽快采取行动以实现可持续发展目标。建设可持续的食品冷链有助于实现可持续发展目标。我们强烈呼吁所有利益相关方遵从本书的建议，携手促进粮食体系转型，使其更高效、更包容、更有韧性、更可持续。让我们一道维护世界粮食安全、减少温室气体排放、创造更多就业机会、助力消除饥饿和贫困，共同实现更好生产、更好营养、更好环境和更好生活，不让任何人掉队。

英格·安德森
联合国环境规划署执行主任

屈冬玉
联合国粮食及农业组织总干事

在全球范围内应用有效的可持续食品冷链技术是降低温室气体排放、建立气候适应型社会的基础和关键。同时，可持续食品冷链也有助于实现可持续发展目标（SDGs）。

缺乏食品冷链给食品质量和安全带来了不利影响，造成了食品损耗和浪费。这不仅给人们的生活带来不便，同时也不利于环境保护。据统计，粮食总产量的三分之一都被损耗或浪费。2050 年，全球人口数量预计将达到 97 亿，城市化进程不断加速。届时，我们的世界将无法养活这么多的人口。此外，正如粮农组织所强调，粮食损失和浪费造成的温室气体排放量约占温室气体总排放量的 8%。国际制冷学会报告称，2017 年，由于冷链的缺乏而导致的粮食损失排放了约 1 千兆吨的二氧化碳。

新冠疫情的流行进一步证明了建设冷链系统的重要性。在此期间，能够入村到户的冷链系统在全球疫苗分配中发挥了至关重要的作用。不仅如此，疫情期间社会和消费者的需求不断变化，更加证明了建设易调节、有韧性的食品冷链系统的重要性。

意大利政府与多个国家和国际合作伙伴坚信，在推动气候行动和实现《2030 年可持续发展议程》中可持续发展目标的大背景下，及时并全面地应对这些挑战至关重要。为了更有效地促进可持续食品冷链发展，解决食物损失和浪费问题，我们需要系统思考，在国内和国际上多措并举，在科技、商业、工业和政策等多个层面上通力合作。此外，我们还需要引导全球范围内的工人支持冷链行业向气候友好型先进技术转型，从而使食品冷链行业成为能带来绿色就业岗位的关键驱动力。

在意大利，人们正在积极应对气候环境挑战。例如，通过出台法律法规来约束食物浪费行为，以及全面实施欧盟《含氟温室气体法律》。同时，在冷链和制冷领域，意大利也一贯拥有高水平的气候友好型技术。

国际合作在气候环境领域的作用至关重要。《基加利修正案》的通过为全球加速部署气候友好型冷链提供了独特的机会。在 2019 年 11 月举行的《蒙特利尔议定书》缔约方第 31 次会议上，80 多个缔约方自愿签署了关于"《蒙特利尔议定书》对可持续冷链发展和粮食减损贡献"的《罗马宣言》。该《宣言》由意大利、环境署臭氧秘书处和粮农组织联合发起，旨在使利益相关方在各个层面上加强合作、交流知识并促进节能方案和技术的创新。

因此，我想对本书的创作和发布表示赞赏。本书是可持续食品冷链行业的里程碑，汇集了目前全球范围内最先进的知识、最佳的解决方案、实践做法和建议。本书为促进可持续食品冷链发展、提供全球可持续解决方案指明了行动方向，有助于实现可持续发展目标和雄心勃勃的气候目标。

亚历山德罗·莫迪亚诺
意大利生态转型部气候变化事务特使、
欧洲和国际活动主任

ACKNOWLEDGEMENTS | 致　谢 |

主要作者：

Toby Peters 教授和 Leyla Sayin 博士

管理（制冷联盟秘书处）：

Lily Riahi、Sophie Loran

研究和项目支持（制冷联盟秘书处）：

Manjeet Singh、Irene Fagotto

专家评审委员会：

Alfred Bizoza 教授（卢旺达大学）

Shane Brennan（制冷联盟）

Amanda Brondy（全球冷链物流联盟）

Ira Colombo（国际制冷学会）

Jean‑Luc Dupont（国际制冷学会）

Kevin Fay（全球食品冷链理事会）

Yunho Hwang 教授（国际制冷学会 B1 委员会主席，马里兰大学）

Professor Judith Evans（伦敦南岸大学）

Pawanexh Kohli（国家冷链发展中心）

Lambert Kuijpers 博士（《蒙特利尔议定书》技术和经济评估小组成员）

Fabio Polonara（制冷技术委员会联合主席，《蒙特利尔议定书》技术和经济评估小组成员）

Sunil Saran 博士（阿米蒂大学冷链技术中心）

贡献者：

Dina Abdelhakim（环境署）

Nathan Borgford‑Parnell（环境署，气候和清洁空气联盟）

Claudia Carpino（意大利生态转型部）

Olivier Dubois（粮农组织）

Ayman Eltalouny（环境署，臭氧行动）

Irene Fagotto（环境署，制冷联盟）

Andrea Hinwood（环境署）

Pawanexh Kohli（国家冷链发展中心）

Sophie Loran（环境署）

Irini Maltsoglou（粮农组织）

Federico Mannoni（意大利生态转型部）

Zitouni Ould‐Dada（粮农组织）

Alessandro Peru（意大利生态转型部）

Manas Puri（粮农组织）

Liazzat Rabbiosi（臭氧秘书处）

Mark Radka（环境署）

Lily Riahi（环境署，制冷联盟）

Luis Rincon（粮农组织）

Angshuman Siddhanta（环境署）

Manjeet Singh（环境署，制冷联盟）

Marco Strincone（意大利生态转型部）

案例贡献者：

Akash Agarwal（New Leaf Dynamic Technologies 公司）

Anderson Alves（联合国开发计划署）

Michael Ayres（维特罗斯连锁超市）

James Bailey（Asda 连锁超市）

Christopher Beland（节能信托基金）

Abishek Bharadwaj（赤道能源公司）

Yusuf Bilesanmi（Eja‐Ice 公司）

Collin Bootsveld（Colruyt 集团）

Letícia Campos Baird（巴西检察官）

Clementine Chambon（印度私人公司 Oorja Development Solutions）

Brian Churchyard（Asda 连锁超市）

Lily Dali（肯尼亚世界自然基金会）

Peter Debonte（Colruyt 集团）

Suhasinee Deshmukh（Ecozen Solutions 私人公司）

Tushar Devidayal（Devidayal 太阳能公司）

Edwin M. Dickson（哥伦比亚环境与可持续发展部，臭氧中心）

Ravindra Dolare（Ecozen 私人公司）

Ayoola Dominic（Koolboks 公司）

Marco Duran（环境署，联合提高效率组织）

Clarisse Durand（法国生态转型部）

Roberta Evangelista（巴塞尔可持续能源机构）

Manuel Falciatori（赤道能源公司）

Torben Funder‐Kristensen（丹佛斯气候方案）

Assen Gasharov（欧洲投资银行）

Jiten Ghelani（Promethean 能源公司）

Kimani Gichuche（Adili 太阳能公司）

Silvia Giménez（巴拉圭环境与可持续发展部）

Philip Greening（赫瑞瓦特大学）

Khushboo Gupta（能效经济联盟）

Armin Hafner（挪威科技大学）

Brian Holuj（环境署，联合提高效率组织）

Nnaemeka Ikegwuonu（ColdHubs 太阳能冷藏室）

Samit Jain（Pluss 私人公司）

Huda Jaffer（Selco 基金会）

Alvin Jose（可持续能源普及机构）

Jofi Joseph（Promethean 能源公司）

Laila Kanji（英国商业、能源和产业战略部）

Dimitris Karamitsos（巴塞尔可持续能源机构）

Akbar Sher Khan（Impagro 农业私人公司）

Kasper Koefoed（联合国开发计划署）

Satish Kumar（能效经济联盟）

Hilda Cristina Mariaca Orozco（哥伦比亚环境、住房和领土发展部）

Isobel McFarlane（英国环境、食品和乡村事务部）

Chanvibol Meng（Nexus 发展组织）

Parimita Mohanty（环境署）

Sonja Mettenleiter（SelfChill 乳品制冷公司）

Irene Mwaura（肯尼亚世界自然基金会）

Margo Parmentier（Colruyt 集团）

Andre Patenaude（艾默生商业和住宅公司）

Clare Perry（环境调查机构）

Surabhi Rajagopal（Selco 基金会）

Rajan Rajendran（艾默生商业和住宅公司）

Vivian Rangel Castelblanco（德国国际合作公司）

Ajiniyaz Reimov（联合国开发计划署）

Luis Rincon（粮农组织）

Gloria Rivas（巴拉圭环境与可持续发展部）

Sneha Sachar（能效经济联盟）

Amit Saraogi（印度私人公司 Oorja Development Solutions）

Anwar Shakir（Global Gess 公司）

Raul Simonetti（CAREL Industries SpA 公司）

Miriam Solana（CAREL Industries SpA 公司）

Leydy María Suarez Orozco（哥伦比亚环境与可持续发展部，臭氧中心）

Maksim Surkov（联合国开发计划署）

David Tadiotto（Coldway 科技公司）

Ben Tacka（特灵科技）

Selcuk Tanatar（国际金融公司）

Gilda Torres（巴拉圭环境与可持续发展部）

Victor Torres‐Toledo（SelfChill 乳品制冷公司）

Ben Valk（荷兰合作银行）

LiekeVerhofstad（荷兰合作银行）

Anne Wangalachi（Adili 太阳能公司）

Kristina N. Widell（SINTEF Ocean 研究机构）

周晓芳（联合国开发计划署）

英文编辑：Lisa Mastny
平面设计师：Caren Wee

℃	摄氏度
ACES	非洲可持续制冷和冷链卓越中心
CaaS	制冷即服务
CO_2	二氧化碳
FAO	联合国粮食及农业组织（简称"粮农组织"）
GCCA	全球制冷联盟
GFCCC	全球食品冷链理事会
GWP	全球变暖潜能值
HCFC	氢氯氟烃
HFC	氢氟碳化合物
HFO	氢氟烯烃
kW	千瓦
MEPS	最低能效标准
MW	兆瓦
NCAP	国家制冷行动计划
NCCD	国家冷链发展中心
ODP	臭氧消耗潜势
OECD	经济合作与发展组织
SDG	可持续发展目标
UN	联合国
UNEP	联合国环境规划署（简称"环境署"）
UNIDO	联合国工业发展组织（简称"工发组织"）

概　要 SUMMARY

粮食损耗量约占人类粮食消费总量的 14%（粮农组织，2019），被浪费的粮食约占人类粮食消费总量的 17%（环境署，2021）。粮食损耗和浪费每年给全球经济造成的损失约为 9 360 亿美元（粮农组织，2014a）。缺乏制冷条件是造成粮食损耗和浪费的主要原因之一。2017 年，缺乏制冷条件直接造成了 5.26 亿吨粮食损耗，约占全球粮食总产量的 12%（国际制冷学会，2021a）。在目前全球有 8.11 亿人食不果腹、30 亿人无力负担健康膳食的严峻背景下，损耗和被浪费的粮食足以负担约 10 亿人的口粮（粮农组织，2022）。

缺乏强有力的食品冷链来维持食品的质量、营养价值和安全将会对人们的健康产生不利影响。食品冷链是一种综合温度控制的食品配送系统，确保易腐产品和对温度敏感的产品从生产源头到目的地都保持在最佳温度和环境下。食品冷链系统较为复杂，包含许多静态和动态影响因素，因此需要多个层面的人员共同负责，包括农民、收购商、加工商、制造商、分销商、零售商和消费者。

大多数发展中国家的人口严重依赖农业来维持生计，这使得食品冷链的发展成为增加小农户收入和促进经济增长的有力工具。仅是收获后的粮食损失，就使 4.7 亿小农户的收入减少了 15%（洛克菲勒基金会，2013）。

食品冷链现状和环境影响

近几十年来，全球食品冷链的水平在不断提高。然而，增长是不均衡的。许多发展中国家在产品从农场到餐桌的各个阶段都需要付出大量的额外努力，以确保冷链不在中途间断，以及习得制冷设备的安装和维护技能。即使是在冷链基础设施不断完善的发展中国家，由于对现有产能的利用不足，提高制冷设备产量也有一定困难。困难包括相关的工程技术不足（导致设备缺少维护和发生故障）、商业模式不成熟，以及前端、后端环节的管理不善。困难造成的影响是能源和资源利用效率低下，投资回报率低，以及不必要的经济支出。可持续食品冷链基础设施和技术的快速发展需要技能和实践的双重支持，以最大限度地减少运营困难、食品损耗和经济损失。

食物冷链也对全球气候变化和环境产生影响。2017 年，由于缺乏制冷而造成的粮食损耗和浪费的排放总量约等于 10 亿吨二氧化碳排放当量（国际制冷学会，2021）。总的来说，食品冷链排放约占全球温室气体排放总量的 4%，包括冷链技术设备的排放以及因缺乏制冷而造成的食品损耗和浪费排放（国际制冷学会，2021）。随着发展中国家相关制冷基础设施开始投入使用，冷链技术设备的排放量将大幅上升。

可持续食品冷链的益处

可持续食品冷链是增进人类福祉、促进经济增长、推动社会经济发展和实现联合国可持续发展目标的关键因素。同时，可持续食品冷链还有助于实现《巴黎协定》和《蒙特利尔议定书》中设定的目标。食品冷链对实现可持续发展目标的贡献涵盖多个领域，其中的关键是通过打通市场连接提高农场一级的生产力，从而减少收获后阶段的粮食损耗，保障粮食的产量、质量、营养和安全，以及减少气候变化对全球粮食供应系统的潜在影响。

然而，如果在食品冷链的管理和运营过程中，温室气体排放量不降反升，污染了资源环境，这些益处就会被抵消，食品冷链的应用价值也会随之降低。可持续食品冷链的发展必须从最大限度地提高冷链的经济、社会和环境效益的角度出发去考虑解决各领域的问题，同时最大限度地减少不利因素。因此，运营可持续食品冷链需要注意到与之相关的所有领域内的活动，以尽可能改善其带来的正向收益中的薄弱环节。

设计可持续的食品冷链

发展可持续的食品冷链具有一定挑战性，其影响因素多，面临的障碍大。这些因素因国家而异，具体取决于当地的经济、环境、社会、文化和政治环境，彼此相互关联并存在多重反馈模式。食品冷链并不仅仅是在农场安装太阳能冷藏室，或是在超市安装全球升温潜能值低的冷藏柜。在系统层面上，冷链可持续性受到粮食收获后的储存、包装和冷链的运输材料、废料管理、热量回收，以及所采用的运营模式和程序等因素的影响。

亟需相应的解决方案来减少全球食品冷链的温室气体排放量，使其更具环境可持续性。然而，如今食品冷链开发商和投资者的决策标准往往狭隘地集中在单纯节能或是降低制冷设备的排放量上。我们需要更系统的方法，关注食品冷链中的其他核心功能和跨部门活动影响，这有助于提高粮食体系的可持续性和韧性。

越来越多的人认识到，想要实现可持续的食品冷链，以最高效的方式解决成功路上的障碍，就必须采用由生产端到消费端的系统方法。然而，实际情况是系统方法很难被成功应用，因为各因素间相互依赖，并且需要多方利益相关者共同合作。因此，系统方法的应用目前还很有限。本书中涉及的多数案例都是系统方法的良好实践，可以解决食品冷链系统中的一些问题，快速取得增量收益。这些案例旨在为食品冷链中处于初期和中期发展阶段的利益相关者提供启发。

报告目标

本书重点解读了全球食品冷链发展的复杂性，并探讨了食品冷链如何发展才能更具可持续性。分析的主要目的包括概述全球食品冷链的现状、驱动因素和影响；描述可持续食品冷链的益处；确定实现这些目标的主要驱动因素、障碍和机会；展示现有的本土和国际技术、项目、政策、金融以及商业模式。报告最后建议采用全面系统的方法，加快行动，促进不同参与者之间的合作，在全球范围内推动更加可持续的食品冷链发展。

从长远来看，要实现可持续的食品冷链，我们就需要理解整个系统中相互关联的因素和动态反馈循环，改变冷链的发展方式，从线性发展转变为循环发展，正如推荐中所强调的那样。

关于发展可持续冷链的主要建议

➡ 各国政府应与业界及其他利益相关方合作，对现有食品冷链中的能源使用和温室气体排放进行量化和基准化，找出与目标值之间的差距，准确预测从而找到减排的机会。

➡ 各国政府和其他冷链利益相关方应意识到，高效的食品冷链不仅由制冷技术组成，而且要采取整体系统的方法来解决食品冷链问题。

➡ 各国政府和其他冷链利益相关者应开展合作，对冷链行业进行需求评估，制定成本可控、循序渐进的《国家制冷行动计划》，为建立整体和可持续的冷链基础设施提供基本方向，推动各部门设置更为合理的冷链项目。

➡ 各国政府应大力执行雄心勃勃的最低能效标准，实施强有力的监测和整改措施，以防止国内使用非法进口的低效冷链设备和制冷剂。

➡ 根据《国家制冷行动计划》，各国政府应制定成本可控、循序渐进的五年计划、任务和政策，设置专职机构和部门，为可持续食品冷链有关环节提供资金支持和协助，以实现农产品冷链从农场到餐桌的全覆盖。

➡ 各国政府应与业界及其他相关利益相关方合作，在发展中国家建立关于冷链的商业金融模式，培养掌握必要的技能的人员，以支持冷链行业的规模化发展。

➡ 各国政府应与业界及其他相关利益相关方合作，建立冷链使用者"数字孪生"模型，引导当地实施"需求导向"的综合食品冷链项目。

➡ 在政府的支持下，业界和社会利益相关者应开展大规模的系统示范项目，演示干预措施如何协同作用于可持续、有韧性的食品冷链建设，起到宣传其成效，从而大规模推广示范的作用。

➡ 各国政府和其他冷链利益相关方应与相关机构合作，评估并量化可持续食品冷链对社会经济的广泛影响，将贫困、弱势、被边缘化的食品生产者，以及其社群、妇女和青年等因素考虑进来。

➡ 为给利益相关者创造良好的合作环境，各国政府应建立一个多学科的冷链发展中心，协调实施上述建议并关注国际发展态势。国家冷链中心还可以就与发展可持续冷链有关的问题与其他国际组织联络。

CONTENTS | 目 录 |

1 导 论

为了养活到 2050 年预计将达到 97 亿的人口，粮食产量需要大幅增加（联合国，2019）。这需要人们在 2010 年到 2050 年期间补齐全球粮食供应生产量与需求量之间 56%[①]的缺口（世界资源研究所，2019）。同时，要想满足全球人口的需求，必须确保生产出的粮食不被浪费。由于缺乏有效的食品冷链来保障粮食的质量、营养价值和安全，全球粮食损失和浪费现象愈加严重，对人们的健康和生计造成了不利影响。

食品冷链是一种综合温控食品配送系统，有助于确保易腐食品和温度敏感产品的质量、营养价值和安全。冷链在减少农产品产后损失和浪费，以及延长水果、蔬菜、乳制品、肉类和鱼类等产品的保质期方面起着关键作用。这个复杂的体系涉及包装、预冷、集散、运输和储存等多个环节，需要各个环节人员的高度负责和监管。

全球食品冷链基础设施近几十年来增长迅速，然而这种增长并不均衡。尽管大多数发达国家拥有健全的食品冷链，但许多严重依赖农业维持生计的发展中国家却未能建设完善的食品冷链。发展中国家和新兴经济体需要在各个环节加强冷链建设，以确保从农场到餐桌的无缝冷链连接。

即使是在冷链基础设施不断发展的发展中国家，由于对现有产能的利用不充分，冷链产能的扩大也会受到限制。目前面对的挑战包括难以获得稳定且价格合理的能源，技术水平不佳（导致设备维护和停机时间过长），商业模式应用不当，以及前向关联、后向关联混淆等。其结果是能源和资源利用效率低下，投资回报率降低，以及在冷链运行不畅时出现财务超支和食品安全风险。随着食品冷链基础设施和技术的快速发展，相关技能和实践需要同步更新，以降低包括农产品损耗在内的运营隐患和经济损失。

---

① 以总卡路里数计算。作为衡量总卡路里差距的替代方法，粮农组织采用价格加权指数的方法，预估到 2050 年，粮食产量相对于 2005 年 7 月需增加 60% 才能满足需求（Alexandratos 和 Bruinsma，2012）。这一数字经常被误引为 70%（联合国，2019），因为 70% 是粮农组织之前的估计（粮农组织，2014）（世界资源研究所，2019；Alexandratos 等，2006；粮农组织，2021a）。

食品冷链对全球气候变化和环境也有影响。据估计，由于缺乏制冷设备导致的食品损失和浪费，2017年二氧化碳排放量达到了1千兆吨当量（国际制冷学会，2021）。总体而言，食品冷链产生的温室气体排放量占全球温室气体总排放量的4%，其中包括冷链运行产生的温室气体（电力、燃料和制冷剂排放）以及由于缺乏制冷设备导致的食品损失和浪费所产生的温室气体（国际制冷学会，2021）。随着新的与冷却相关的基础设施在发展中国家投入使用，食品冷链本身的排放量预计会大幅增加。

我们需要一个解决方案来减少全球食品冷链的温室气体排放，并使冷链更具有环境可持续性。然而，发展可持续的食品冷链远不止在农场门口采购和安装太阳能冷藏室，或者在超市使用应用了全球变暖潜能值更低的制冷剂的冷藏柜。这是一个复杂的问题，涉及各种不同的推动因素和障碍，这些因素之间相互联系，并且存在多个反馈回路，因国家而异，并取决于当地的经济、环境、社会、文化和政治情况。

从系统层面看，食品冷链的可持续性受到许多因素的影响，包括收获后的库存管理、包装和材料处理、热回收、废料管理以及所使用的操作模式和程序。主要的挑战围绕着行为问题、操作和商业技能以及支撑整体投资的商业和融资模式展开。从长期来看，实现可持续的食品冷链需要将冷链发展的方法从线性转变为循环，认识到整个系统的内部联系、动态关系以及反馈回路的重要性。

本报告强调了全球食品冷链发展的复杂性，并探讨了如何使其更具可持续性。报告结构如下：

第2章概述了食品损耗的挑战，并总结了全球食品冷链的现状、推动因素和影响。

第3章描述了可持续食品冷链及其多种益处。

第4章指出了向可持续食品冷链迈进的关键推动因素和障碍，展示了国内和国际上现有的技术、项目、融资和商业模式以及地方和国际政策，并强调了需要端到端、系统级的方法来实现可持续的食品冷链。

第5章提供了全面系统的方案以加快行动，并促进不同参与者之间的合作，从而在全球范围内推进更具可持续性的食品冷链。

附件提供了一份案例研究清单，展示了解决食品冷链系统内特定问题的良好做法，这些做法通常能够快速获得成功。纳入这些案例是为了在食品冷链的短期和中期发展阶段激励利益相关者。

2 食品冷链：全球视野

2.1 食品价值链和冷链的关键性

食品价值链是指食品生产、储存、加工、进入市场、分销和消费这一系列相互关联的过程（图2-1）。价值链的一端是生产者，另一端是消费者。在食品生产点到消费点之间，价值链中的各种流程和参与方会以多种形式提高食品的价值。这包括初级加工（如分类和分级）、包装、预冷却、储存、食品加工和运输。这些工序可以保障食品质量，将产品以安全的方式送到消费者手中，同时最大限度地减少食品损耗和经济损失。

图2-1 一般食品价值链

资料来源：粮农组织，2021年；Puri M.、Rincon L.、Maltsoglou I.，2021年；农业食品链中的可再生资源：卢旺达的太阳能投资；粮农组织，2016年；Puri和Manas，综述：能源获取是如何影响粮食损失的。

虽然食品价值链存在于所有国家，但其发展水平却大相径庭。在发达国家，由于拥有现代化设备、稳定且负担得起的能源、人力资源和更容易获得的其他资源，其价值链往往比发展中国家机械化程度高，且更为高效和先进。在发展中国家，其价值链往往比较原始，依赖传统能源，缺乏现代化的加工、存储和运输设施，人力资源匮乏且更难进入市场销售。

食品价值链的发达程度也影响着可生产的食品种类和市场供应。例如，在食品价值链较发达的发达国家，很大一部分牛奶被加工成了奶酪和奶粉等高价值产品，而在撒哈拉以南的许多非洲国家，牛奶价值链发展受限，只有相对少量的牛奶被加工成了高价值产品。食品加工有多种方式，包括冷冻、腌制、干燥、巴氏杀菌、发酵和罐装等。加工可以减少食物损耗，以农产品为原材料生产增值产品，并在淡季销售（插文 2-1）。

➡ 插文 2-1 冷冻干燥法保持咖啡风味和香气

Buencafé 是一家生产优质速溶咖啡的哥伦比亚公司，是哥伦比亚咖啡种植者联合会（FNC）会员。生产上大规模生产采用冷冻干燥技术。生产过程从采集新鲜的绿咖啡豆开始，咖啡豆经烘焙后研磨，并浸泡在纯净的泉水中，萃取其中的可溶性咖啡化合物。在-5℃左右冷冻萃取物，以保持咖啡的风味和香气，然后通过低温浓缩除冰。最后，利用真空气压（小于大气压力的千分之一）将咖啡萃取物在-50℃深冻，将剩余的冰升华。在制冷系统方面，自 1990 年以来，氟利昂气体（R-22）已被氨气（R-717）取代。

©iStock

Buencafé 提高了能源效率，将每千克冻干咖啡的能耗从 2015 年的 40 千瓦时降低到了 2018 年的 34 千瓦时。由于采用循环经济策略，Buencafé 公司得以在生产全流程中更有效地利用了现有的自然资源替代化石燃料，如使用咖啡废料和天然气作为热能生产的能源，同时使用 5 兆瓦太阳能光伏系统和 2.5 兆瓦的水力发电系统提供大部分电力。

资料来源：粮农组织，2022 年；哥伦比亚咖啡种植者联合会，2019 年；2015—2018 年可持续发展报告（西语版），2019 年。发表于 2022 年 1 月 21 日。

对于肉类、乳制品、水果和蔬菜等易腐食品来说，要保证食品质量和安全、减少供应链损耗，就必须使用具备冷藏条件的冷链。然而，制冷和温度控制过程的能源消耗量大，如果使用化石燃料，会导致大量的温室气体排放。此外，食品冷链中一些传统制冷设备使用的制冷剂的全球变暖潜能值（GWP）很高，这会进一步增加冷链的温室气体总排放量。

冷链是食品价值链难以分割的一部分，是一种综合温度控制的食品配送系统，能确保易腐产品和对温度敏感的产品从生产源头到目的地都保持在最佳温度和环境下（根据具体食品特性而有所不同），以确保食品质量和安全。食品冷链涵盖从农场到餐桌的所有活动，以及从生产者到消费者的全体利益相关者。

食品冷链是一个复杂的系统，含有许多静态和动态要素（图2-2），具备需要多个层次共同参与的责任机制，其中包括农民、农产品收购者、加工商、制造商、分销商、零售商和消费者。食品冷链通常可以被划分为几个阶段，包括初级加工（如分类和分级）、包装、预冷却（插文2-2）、冷库存储、批发和零售一级的冷藏、餐饮、移动中存储（如卡车、轮船和飞机上的冷藏运输，以及有冷藏柜的街头售货车），直至消费者层面的家庭存储。

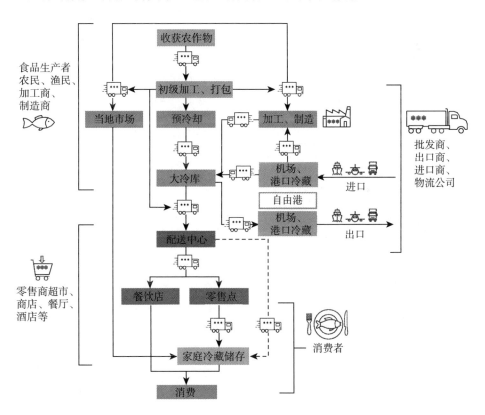

图2-2 典型食品物流冷链过程和利益相关者

资料来源：Toby Peters教授和Leyla Sayin博士。

注：除鲜牛奶外，新鲜农产品通常在预冷之前会先进行挑拣、清洗和包装，所以预冷之后的步骤中，处理的一般是已经包装好的农产品。

➡ 插文 2-2 预冷和冷藏有什么区别？

预冷却或基本预冷是指在储藏或运输之前，快速有效地控制刚收获或屠宰产品的温度。这一步需要大容量的制冷设备和精细操作，以最大限度地减少产品的重量损失。预冷却是生鲜食品冷链中必不可少的第一步，是最大限度延长生鲜产品最佳食用日期（同时保持营养质量）、减少食品冷链其他环节能源负荷最有效的方法之一（Sullivan、Davenport 和 Julian，1996）。

然而，发展中国家往往更关注冷链中的冷藏环节，而忽视了预冷却环节。预冷库是冷藏室的一种，有适当大小的空间用于储存预冷农产品。预冷库的主要作用是控制和保持入库产品的温度，而不是像制冷设备一样单纯降低产品温度。因此，预冷却与冷藏需要分开考虑，预冷却设备需要专门设计（Elansari，2009）。

预冷却方法有很多种，例如预冷室、鼓风冷却、水冷却、冰冷却和真空冷却（表 2-1）。预冷却方法的选择取决于多种因素，包括产品特性、空气温度、相对湿度、降温需求、冷负荷、冷却速率和运营成本等。

表 2-1 水果和蔬菜的预冷方法示例

方法	描述	适合的生产类型
预冷室	最慢的预冷却方法，将农产品放在冷藏室中，使其置于冷空气中	适用于不会迅速变质的农产品，但不适用于收获后需要立即快速冷却的农产品（如草莓等）
鼓风冷却	通过不断鼓风使高速的冷空气在农产品表面吹过，冷却速率高于预冷室。鼓风冷却的应用范围很广，最基本的是在隔热箱内安装风扇使冷空气循环，并将冷空气输送到管道中	适用于多种水果和蔬菜
水冷却	将农产品浸入冷水或是在农产品表面喷水，冷却速率比单纯风冷更快。因为水的传热系数比空气高得多，在相同温度下，一定体积的水相比同体积的空气能带走更多热量	适用于多种水果和蔬菜，但不适用于易受潮的农产品（如浆果等）
冰冷却	用碎冰或冰浆代替冷水，快速冷却农产品	适用于呼吸作用强的农产品（如西蓝花等），但不适用于可能被低温破坏的农产品（如西红柿、南瓜、黄瓜、洋葱等）和易受潮的农产品（如浆果等）

（续）

方法	描述	适合的生产类型
真空冷却	真空系统可抽空箱内空气，使农产品表面的水分快速蒸发从而冷却产品，比其他方法的冷却速度更快	适用于高表面体积比的农产品（如多叶蔬菜等）。由于水分蒸发可能会导致农产品重量损失，为避免水分过度流失，可以在处理过程中适量加水

资料来源：Elansari，2009 年；粮农组织，2009 年；James 和 James，2014 年；Dumont、Orsat 和 Raghavan，2016 年；Mercier 等，2019 年。

预冷是牛奶供应链中的一个重要步骤，可以有效提高牛奶质量，降低储存制冷负荷，从而降低能源需求和成本。预冷减小了挤奶后牛奶温度与储存前所需的 4℃ 之间的温差。预冷通常由板式或管式冷却器实现，使用的水来自城市供水、井水或地下水（Bennett 等，2015）。板式冷却器由一组不锈钢板组成，冷水在不锈钢板的一侧流过，牛奶在板的另一侧以相反的方向流过，牛奶中的热量通过不锈钢板传递到水中。管式冷却器由两根不锈钢管组成，工作原理类似。两根粗细不同的不锈钢管互相嵌套，牛奶在内管、水在外管中流动带走热量。

©iStock

食品冷链在易腐食品供应链中发挥着重要作用。时间和温度是收获后管理中最关键的因素，比如有些园艺产品在 25℃ 高温下存放一小时的变质程度，与在 1℃ 低温下存放一周相同（Brosnan 和 Sun，2001）。农产品在收获、屠宰、采集后会立刻开始腐坏变质，并在整个供应链中不断加深腐坏，直至产品彻底变质或被消费者食用。呼吸作用、蒸腾作用和微生物繁殖速度随温度升高而加快，这不但导致了农产品的质量损失（由于农产品失水或腐烂），还导致了农产品品质降低（质地、风味、营养和安全等方面）（Kader，2002；Kitinoja，2013）。

其他影响农产品保质期的环境参数，以及农产品含水量和被保存于何种气体中，这些变量在整条食品冷链中都应当被控制。此外，食品冷链还应考虑包装、运输设备的材料、加工和物流系统。将食品冷链的运营和监测系统数字化，有助于食品冷链为易腐食品争取到更长的有效保质期（农产品被置于零售店货架、消费者家中后的仍可被安全消费的时间）。

2.2 粮食损失及其影响

粮食损耗量约占人类粮食消费总量的14%（粮农组织，2019），被浪费的粮食约占人类粮食消费总量的17%（环境署，2021）。粮食损耗和浪费每年给全球经济造成的损失约为9 360亿美元[1]（粮农组织，2014a）。在食品加工、包装、分销和被消费过程中缺乏有效的制冷条件，是造成粮食损耗和浪费的主要原因之一。2017年，全球范围内需要冷藏保存的食品中只有不到一半（约45%）具有冷藏保存条件（国际制冷学会，2021）。缺乏制冷条件直接造成了5.26亿吨粮食损耗，约占全球粮食总产量的12%（国际制冷学会，2021年）。在目前全球有8.11亿人食不果腹、30亿人无力负担健康膳食的严峻背景下，损耗和被浪费的粮食足以负担约10亿人的口粮（粮农组织，2022）。即便是在北美和欧洲地区，也仍有8%的人无法获得足够的安全、营养的食物（粮农组织，2020）。

发展中国家的粮食损耗尤其严重。发展中国家的耕地面积约占全球的80%，但其耕地所耕种出的易腐农产品仅有20%得到了冷藏保存（这一数据在发达国家为60%）（国际制冷学会，2021a）。在印度，一些农产品的收获损失率超40%。印度只有约4%的农产品通过冷链运输，而英国的冷链运输比例达70%（伯明翰大学，2017）。在卢旺达，只有5%的农业生产公司有冷藏运输车，只有9%的公司有冷藏间储存新鲜农产品（国家工业研究与发展署，2019；世界银行，2020a）。小农户、边缘农民群体的粮食产后损失较为严重，这些群体基本不具备有效的冷链条件（低于该国冷链产能的1%）（国家农业出口发展委员会，2019；世界银行，2020b）。

缺乏有效的冷链系统来保鲜农产品会对人们的生计和健康造成负面影响，从而引发食品安全和营养方面的问题。粮食产后损失使4.7亿小农户的收入降低约15%（洛克菲勒基金会，2013）。全球每5例死亡案例中，就有1例与不良的饮食习惯有关。全球约有6亿人口（占地球总人口的近十分之一）患食源性疾病，每年因病死亡人口达42万，其中有些病因是缺乏有效的食品冷链（Afshin等，2019；世界卫生组织，2021）。

粮食损耗对气候和环境造成了广泛的负面影响。由于粮食损失和浪费产生的温室气体总排放量约为44亿吨二氧化碳当量（根据粮农组织2011年对粮食损失和浪费量的评估），约占全球二氧化碳排放总量的8%（粮农组织，

---

[1] 波士顿咨询公司2018年估算，到2030年，全球每年食物损失和浪费可能将达到21亿吨，价值1.5万亿美元（Hegnsholt等，2018）。

2014）。如果这些食物损耗产生的温室气体来源于一个国家，那么这个国家将是仅次于中国和美国的全球第三大温室气体排放国（粮农组织，2014）。排放有多种来源，如农产品生产加工过程中浪费的电力和热量，用于储存和运输农产品而使用的能源，以及土地使用、森林砍伐和垃圾填埋场的排放。具体来说，2017 年全球由于缺乏冷藏条件而造成的食物损失和浪费而产生的温室气体排放量约为 10 亿吨二氧化碳当量[①]（国际制冷学会，2021）。气候变化所导致的极端天气事件（如干旱和洪水）可能进一步导致粮食产能下降，粮食损失可能会更加严重。

©iStock

建立完善稳定的食品冷链有助于减少粮食损失与浪费。据估计，如果发展中国家食品冷链在制冷设备方面达到发达国家水平，则每年可减少 1.44 亿吨农产品的损失（国际制冷学会，2021）。然而，仅是安装制冷设备还不足以解决粮食损失的问题，农产品市场的连通性也是减损的关键因素。在印度，一个试点冷链项目应用预冷等技术成功减少了 76％ 的金诺橘收获后损失，同时也降低了温室气体排放量（插文 2-3）。

> ⊙ **插文 2-3　食品冷链的益处：以印度金诺橘试点项目为例**
>
> 　　金诺橘是印度旁遮普邦西部地区生产的一种高投入产出比的季节性柑橘类水果。然而，由于该地区缺乏有效的冷链设施，这种水果只能在当地或附近地区销售，销售时间一般为 1 月至 3 月中旬。由于附近地区的人们对金诺橘的需求量较小，因此每一季都有很多金诺橘未被采摘或者浪费。现有的冷库被用作临时仓库，产品没有进行预冷处理，也没有冷藏运输。在此情况下，农产品的销量、产品收益均无增长。由于运输距离有限，印度东南部地区的人们买不到金诺橘，这也限制了销量的增长。
>
> 　　2016—2017 年，印度国家冷链发展中心开展了一个水果冷链试点项目。在开利运输冷气设备公司的支持下，该项目由 Balaji 冷藏超市（原在印度北部地区销售金诺橘，现在是一家集散商，同时为本地提供服务）和当地的服务提供商共同实施。该项目没有政府补贴，参与项目的农民和集散商为项目运营提供全额资金支持，印度商学院莫哈里分校负责收集和研究项目数据。

---

　　①　这与全球食品冷链委员会 2015 年所做的估算一致，其根据粮农组织 2011 年公布的数据做出了这一估算。全球食品冷链委员会表示，2011 年由于缺乏有效的冷链造成的食品损失和浪费产生了约 10 亿吨二氧化碳当量的温室气体（全球食品冷链委员会，2015）。

在进行试点项目研究时，当地的农户和集散商被说服投资建造了一个预冷包装库，并加以精心管理使预冷库以最佳状态运行。2016 年 2 月，为期 4 个月的项目正式启动，金诺橘在预冷库中经过预冷处理并被妥善包装好，然后聘请冷藏运输公司将产品运送到 2 500 千米以外的印度南部城市班加罗尔。班加罗尔距离金诺橘生产地较远，之前从未有金诺橘在此销售。印度国家冷链发展中心还为该项目联系了当地经销商。为了进行对比试验，金诺橘也同时在原有的销售渠道售卖。

项目组对班加罗尔多批次的金诺橘售卖情况进行了研究，因为增加了预冷环节，水果的可销售期延长了几个月，一直持续到 2016 年 5 月。项目结果表明，使用冷链不仅延长了农产品的销售期，还有助于扩大其销售半径。新市场的消费者很容易就接受了这种水果，而且其售卖价格高于原产地印度北部。市场的连通为农民带来了更快的现金流，不必长时间储存农产品等待在当地销售。该项目使金诺橘的产后损失减少了 76％，为农民带来了更高的收益。即使考虑到使用了以柴油为动力的运输、制冷设备以及电力设施，整体温室气体排放量仍然降低了 16％（图 2-3）。

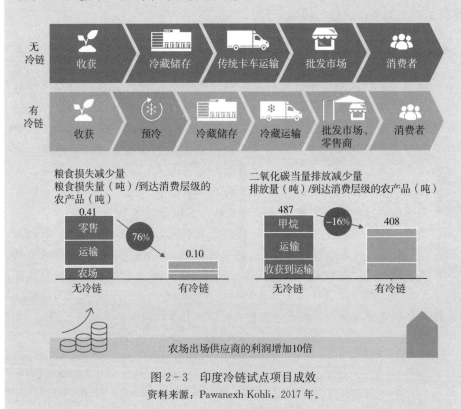

图 2-3　印度冷链试点项目成效
资料来源：Pawanexh Kohli，2017 年。

此试点项目旨在衡量冷链对从农场到终端市场全过程的影响。全程2 500千米，约4~5天卡车行程。在4个月的项目期内，有冷链参与和无冷链参与的供应链都在运行。

2017年新一生产季中，产区新建了9个有预冷设备的包装车间，发出超过350辆冷藏车将金诺橘销往印度各地，并探索出口市场。此外，农场的生产也焕发了新的活力。当地农民表示，得益于食品冷链的使用，金诺橘的平均销量增加了4倍，农民收入也成倍增加。

资料来源：P. Kohli，个人通信，2021年8月。

2.3 食品冷链发展现状和未来趋势

近几十年来，全球食品冷链供应能力不断增长。根据全球制冷联盟的估计，2018年至2020年间，全球冷藏仓库的容量达到7.19亿米³，增长了16.7%，其中大部分冷库新建于北美和中国（全球制冷联盟，2020）。新建的冷库在地理上分布不均匀，许多发展中国家需要新增大量冷库来满足其对冷链的需求。北美、西欧和大洋洲地区每千名居民平均拥有约200米³的冷藏空间，而最不发达国家每千名居民的平均冷藏空间仅为20米³左右甚至更低（国际制冷学会，2021）。

除冷库外，完善的食品冷链还需要一些其他基础设施，比如冷藏运输系统。全球制冷联盟报告称，印度的冷藏仓库规模全球最大[1]（Salin，2018），但严重缺少冷藏运输设备。印度国家冷链发展中心估计，2015年印度拥有的冷藏运输车数量不到所需的15%，严重阻碍了生产商与市场之间的连接。尽管目前印度的冷藏运输车数量已增至约19 000辆[2]，但仍不及国家冷链发展中心所建议数量的三分之一[3]（印度国家冷链发展中心，2015；伯明翰大学，2017）。

印度国家冷链发展中心的研究表明，印度农场或是农场附近的农产品集散

[1] 2018年，在全球制冷联盟数据库收录的国家中，印度的冷库容积为1.5亿米³，其次是美国的1.31亿米³和中国的1.05亿米³（Salin，2018）。

[2] 相比之下，英国有约84 000辆冷藏运输车，而该国的地理面积比印度小得多，人口数量仅为印度的5%。欧盟有约100万辆冷藏运输车（Dearman，2015），全球冷藏运输车总数约为500万辆（国际制冷学会，2019）。

[3] 印度国家冷链发展中心根据回程装载量进行了线性回归分析，根据测算结果，印度实际需要的冷藏运输车数量为18万辆，约是现有数量的3倍。

中心也相对较少，这些集散中心起到配送物流平台的作用①。如果没有这些距离农场较近的中转平台，食品冷链的其他组成部分（如冷藏运输车和冷库）的工作效率也将难以提高。

农场附近的农产品集散平台和运输系统是扩大市场覆盖面的关键，有助于增加农民收入、提高农田生产率。在印度，农户们往往在农场附近就地摆摊开市场，农民收入主要依赖于本地消费者的购买能力，消费者通常是步行前来购物的。相比之下，在农场附近建设农产品集散中心并提供运输服务，将有助于农民直接连接到更大的全国市场和出口市场，利于农产品的消费（插文2-3）。更便捷的市场连接将提高田间生产率，基于这一理论，致力于增加农民收入的部际委员会建议采取此种方法作为印度冷链发展的切入点（印度农业与农民福利部，2017）。

总体而言，食品冷链产业预计将在未来几十年内大幅发展，以应对日益增长的易腐食品保存等需求，并补齐当前冷链系统的需求缺口。例如，根据制冷设备销售情况预估，工业制冷和运输制冷将成为全球制冷行业中增长最快的子行业，2018—2030 年的年均增长率预计将分别达到 5.1％和 4.8％（图 2-4）（经济学人智库，2019）。增长主要来自工业生产和冷链能力的预期，以满足食品和疫苗等对温度敏感的药品的冷藏需求。

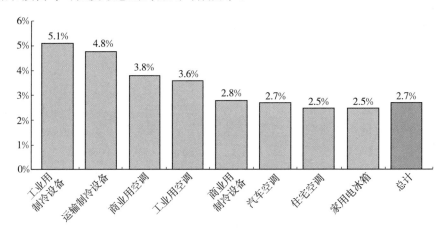

图 2-4　按不同子行业分别列出的制冷设备销售额年均增长率，2018—2030 年
资料来源：经济学人智库，2019 年。

然而，伯明翰大学的一项研究表明，想要满足全球的冷藏需求，食品冷链

---

① 值得注意的是，印度有超过 17 万个牛奶收集点，这使其在 2020—2021 年间生产并分销了超过 2 亿吨牛奶，这些牛奶主要从小农户处收集。从村一级开始建设的牛奶冷链使印度成为全球领先的牛奶生产国，并把供应链中的损失率降至最低。

的建设速度需要大大超过目前的计划，只有这样才更有助于实现联合国可持续发展目标（插文2-4）。许多发展中国家在冷链各个环节都需要大量的外部支持，包括确保从农场到餐桌不间断的冷藏连接系统，以及安装和维护制冷设备的技能。

➲ 插文 2-4 实现"为所有人降温"

尽管根据预计，未来二十年间制冷设备将大幅度增多，但届时人们普遍拥有制冷条件的可能性却并不大。这在全球范围内意义重大，因为冷藏条件对于食品营养、药品和疫苗安全至关重要。制冷有助于提高生产率，同时保障家庭、学校和工作场所的舒适性，这些都是实现联合国可持续发展目标的基础。伯明翰大学的报告《凉爽的世界："为所有人降温"的能源难题》（Peters，2018a）中提到，想要在2050年实现"为所有人降温"这一目标，全球需要140亿[①]台制冷设备，是当前在使用设备的3.8倍。具体到冷链，这意味着需要新增近45亿台制冷设备，包括家用、商用和工业用制冷设备[②]以及冷藏运输设备（卡车、集装箱等）。这相比于2018年曾预计的17亿台制冷设备增加了较大幅度。

©iStock

①预测基于以下假设：1）到2050年，全球制冷设备的普及率趋同于当今发达国家的水平；2）每年降温度日数（cooling degree days）超过2 000天的地区的人都有条件使用空调（指日平均气温超过21℃时，平均气温乘以天数的累加值）。

②商业用制冷设备涉及零售和餐饮场所，工业用制冷设备涉及食品加工和上游分销渠道。

资料来源：Toby Peters教授和Leyla Sayin博士。

2.4 食品冷链增长的驱动因素

全球食品冷链增长受人口增长、城市化、收入增加、气候变化、全球食品贸易额增长及购物模式变化、食品消费偏好改变等多种因素的影响，下文将对此进行讨论。

人口增长和城市化

据估计，2020 年全球人口增长率约为 1%，其中许多地区的增长率将达到这一中位数的 2~3 倍（联合国，2019）。为了养活 2050 年全球预计将达到的 97 亿人口，并缩小 2010 年粮食供需之间的巨大差距，粮食产量必须要增加（联合国，2019；世界资源研究所，2019）。食品冷链对于将源头农产品供给到终端消费市场至关重要，全球粮食产量的提高将给食品冷链带来新的增长。

与此同时，世界城市人口的比例预计将从 2018 年的 55% 上升至 2050 年的 68%（联合国经济和社会事务部，2018），发展中国家的城市化进程将明显加快。这意味着更多的人将生活在远离农场的地方。同时，由于城市扩张造成的农业用地减少将使粮食产地被推向距离消费者更远的地方，易腐产品的运输距离将增加，这会增加对有效的冷链物流系统的需求。同样，为满足城市人口对食品的需求，城市零售店和酒店对冷藏的需求也将增加。

收入增加和健康、安全以及环境因素

中高产阶级收入水平的提高可能会带来更多的食品消费，再加上人们对健康、安全和环境的关注日益增加，消费者需要更高品质的新鲜有机食品，这将会改变目前的食品消费模式，同时增加对冷链的需求。例如，与 2018—2020 年的平均水平相比，预计到 2030 年，全球肉类蛋白质的消费量将增长 14%（经济合作与发展组织，2021）。同样的，新鲜乳制品在食品消费中的份额也将在未来十年内上升，特别是印度、巴基斯坦和非洲国家，乳制品消费量将大幅增加（经济合作与发展组织，2021）。

气候变化

随着全球平均气温的持续上升，热浪等极端高温天气发生的强度和频率都将增加（Masson-Delmotte 等，2021）。气温上升将增加人们对制冷系统的需求。此外，农业生产极易受到气候变化的影响，平均气温的上升以及洪水、暴雨、大风和风暴等极端天气会极大降低粮食生产能力（卢旺达环境部，2018）。这更加凸显了利用制冷系统减少粮食损失和浪费的必要性。气候变化引发的极端天气还会对物流和运输造成负面影响，增加受影响地区对应急冷藏库的需求。

气温升高不仅会让人感到不适，还会造成动物高度不适和热应激，导致牲畜发病率和死亡率升高，同时造成生产力和繁殖率下降。这对食品供应链造成了负面影响（Dash 等，2016；Sejian 等，2018）。例如，在印度进行的多项研

©iStock

究表明，热应激导致牛奶产量减少 5％～50％（Belsare 和 Pandey，2008；印度国家奶业发展委员会，2021）。

全球食品贸易额增长

根据粮农组织（2021b）的数据，2019—2020 年全球粮食和其他农产品出口额增长了 3.2％，增加了近 520 亿美元，其中发展中国家约占 40％。2021 年，全球农产品贸易额预计将增长 8％，约为 1370 亿美元（粮农组织，2021b）。2019 年，英国进口了 84％的水果和 47％的蔬菜（英国环境、食品和农村事务部，2020）。印度 2018 年出台的农业出口政策表明，希望推动该国到 2022 年的农业出口额翻一番，达到 600 亿美元，并在之后几年内逐步达到 1 000 亿美元（印度政府，2018）。全球食品贸易的升级将增加对国际冷藏运输的需求。

消费模式和偏好改变

新冠疫情的大流行极大地改变了食品冷链的运作模式，对冷藏运输的需求急剧增加。例如，2020 年 6 月，全球最大的温控物流供应商 Lineage 报告称，其在欧洲的冷藏设施已有 90％以上被占用（Jha 和 Ritchie，2021）。由于购物偏好的改变和对冷冻产品需求的增加，家用冰箱和冰柜的需求也有所增加。法国 2020 年 3 月的冷冻产品销售额比上年同期增长了 60％（国际制冷学会，2020）。为了满足这一不断增长的需求，许多食品加工企业升级了制冷方式，如采用鼓风冷却的方式（Avis，2021）。

新冠疫情发生后，一些地区对新鲜农产品的需求也有所增加。在印度，食品零售商和网店报告表示，人们对新鲜农产品的需求激增，这主要是因为人们认为新鲜农产品具有更高的营养价值，还有助于提高免疫力。印度农业部估计，2050 年其国内对水果和蔬菜的需求量将达到 6.5 亿吨（印度政府新闻局，2021）。据报道，2020 年美国对新鲜农产品的需求量也出现了激增（蔬菜种植者新闻网，2021）。

疫情期间，许多消费者开始定期在大型超市购物和储备，而不是像以前那样随时到小超市购买需要的食品。在线食品杂货的销售也增长迅速。在德国和意大利，疫情第一年间网上食品杂货的销售额就翻了一番（Eley 和 McMorrow，2020）。2020 年 1 月至 2021 年 1 月期间，英国退休家庭的网上食品杂货支出增加了 229%（McKevitt，2021）。2020 年 3 月，美国的网上食品消费额翻了一番，其中 46% 的消费者表示，他们愿意在疫情结束后继续网上购物（世邦魏理仕美国，2021）。

以上因素都将促使食品零售商重新思考他们的冷藏需求，并很有可能提高冷藏储运能力来应对当前和未来不断变化的消费者需求。

©iStock

2.5 环境影响和"一切照旧"的含义

食品冷链对全球气候和环境也会产生影响。传统的食品冷链通常依赖化石燃料能源，高耗能又会造成严重污染。"一切照旧"将产生不良影响，继续排放大量温室气体和带来污染，违背更大范围的经济、环境、社会和政治目标承诺等。这一点尤为重要，为了实现《巴黎协定》将全球气温升幅控制在 1.5℃以下的宏伟目标，必须在本世纪中叶之前完成全球"碳中和"指标，食品冷链在实现这一目标上尤为重要。

食品冷链设备的温室气体排放分为间接排放和直接排放[1]。间接排放主要来自制冷设备使用的电力以及冷藏车和发电机使用的燃料。直接排放则是制冷设备排放到大气中的制冷气体[2]。

机械制冷设备主要由电力驱动。据估计，发达国家的超市制冷用电量占总

---

① 总体温室效应（TEWI）是一种测量方法，包括制冷剂泄漏产生的直接排放和能源消耗产生的间接排放。

② 即使是最好的制冷设备，也会产生不可避免的制冷剂泄漏。

用电量的 4％（美国能源信息署，2021a）。发电会排放二氧化碳等温室气体，从而导致全球变暖。如果发电方式为化石燃料发电，温室气体将会排放得更多。离网储能系统使用的化石燃料（主要是柴油）发电机也会排放温室气体。在冷藏运输过程中，汽车发动机、运输制冷装置也会消耗燃料并产生温室气体。冷藏运输车上制冷组件消耗的柴油高达全车的 20％（液态空气能源网络，2014）。

同时，许多常见的制冷剂气体泄漏到大气中，直接导致了全球变暖[①]。制冷剂泄漏对制冷行业温室气体总排放量影响重大。目前广泛使用的制冷剂具有很高的全球变暖潜势[②]，其效力是二氧化碳的数百至数千倍（Dearman，2015；臭氧秘书处，2018）。总体而言，制冷机、空调和热泵系统排放的温室气体中，约 80％与使用能源间接相关，而 20％则与使用制冷剂的直接排放相关（Peters，2018；臭氧秘书处，2021）。

除了导致全球变暖之外，制冷剂的泄漏还会造成臭氧层空洞[③]。根据1987 年签订的《蒙特利尔议定书》，目前全球已基本淘汰氯氟烃（CFCs）和含氢氯氟烃（HCFCs）等造成臭氧层空洞的物质[④]（环境署，2018）。作为HCFCs 替代品的氢氟碳化物（HFCs）不会造成臭氧层空洞，但一些 HFCs的全球升温潜能值非常高。当今的制冷设备会排放出约 16 种纯 HFCs 和 30 种混合物，其全球升温潜能值从低于 100 到接近 15 000 不等。R-404A 是一种常见的混合物[⑤]，主要应用于食品零售和运输行业中的低温制冷，其全球升温潜能值高达 3 920（环境署，2020a；环境署，2022）。

由于全球家庭、商业、工业和运输部门对制冷的要求不断提高，HFCs 已成为增长最快的温室气体排放源之一（北美可持续制冷理事会，2021）。用于降温和冷藏的氢氟碳化物约占整个制冷行业的 35％（环境署，2020a）。研究表明，2010 年在冷链运输过程中用于保持产品低温的氢氟碳化物消耗量约占全球的 7％，占所有货运系统（包括非冷藏运输）对全球变暖总影响的 4％（美国国家环境保护局，2011）。美国商用系统中使用的制冷剂中氢氟碳化合物

[①]　由于制冷剂可能会影响设备的耗能，其也会影响设备的间接温室气体排放。

[②]　制冷剂的直接排放量根据其全球升温潜能值（GWP）加权折合成二氧化碳计算。制冷剂的全球升温潜能值是指相对于一单位二氧化碳（全球升温潜能值为 1），一单位的该制冷剂排放对全球变暖的总影响。

[③]　制冷剂的臭氧消耗潜能值（ODP）是指与 ODP 值为 1 的三氯氟甲烷（CFC-11）相比，该制冷剂造成的臭氧消耗量。

[④]　发达国家将于 2020 年淘汰氟氯烃，但从 2020 年到 2030 年间，最多 0.5％的氟氯烃可继续被用于现有制冷和空调设备的维修。发展中国家的目标是在 2030 年之前完全淘汰氟氯烃，但在 2040 年之前最多允许 2.5％的氟氯烃继续被用于现有设备的维修，并须在 2025 年进行审查。

[⑤]　一种 R-125、R-143a 和 R-134a 的混合物（环境署，2022）。

排放量约占全美国的 28%（Eilperin 和 Butler，2021）。

为解决这一问题，2019 年 1 月生效的《〈蒙特利尔议定书〉基加利修正案》呼吁减少氢氟碳化物的生产和使用，旨在到 2047 年减少 80% 以上的排放。这一举措有助于到 2100 年让全球变暖减少 0.4℃（环境署，2020a）。根据欧盟的含氟温室气体排放法规，对于新安装的固定式制冷设备，在其使用和维护过程中将禁止使用 R-404A 等全球升温潜能值 2 500 及以上的制冷剂。

未来几十年，随着发展中国家新增的冷链设施建成，食品冷链设备的温室气体排放量也将大幅上升。如果冷链设施没有转型升级，排放将更加严重。例如，在印度如果不采取任何冷链升级措施，2027 年其食品冷链排放量预计将增加一倍（Kumar 等，2018）。继续使用化石燃料供能的冷链会导致温室气体排放量大幅增加，一定程度上减少了冷链因挽回食物损失所带来的减排效果。

2018 年的一项研究发现，撒哈拉以南的非洲地区冷链发展所导致的温室

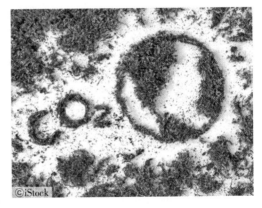

©iStock

气体排放，与北美或欧洲当初的冷链发展历程类似。发展冷链所造成的排放甚至可能会超过因冷链挽回食物损耗而减少的排放（Heard 和 Miller，2019）。因此，关键是要准确计算食品冷链发展预计会新增的排放量、因冷链而挽回食品损耗的预计减排量，以免得不偿失，最终实现净减排的积极结果。此外，减少冷链温室气体排放的措施也至关重要，比如提高能效、使用可再生能源替代化石燃料、减少制冷剂泄漏等。

现有数据表明，食品冷链设备在 2017 年共排放了 2.61 亿吨二氧化碳当量的温室气体（国际制冷学会，2021）。如果再加上因缺乏冷藏条件造成的食品损耗（估计为 10.04 亿吨二氧化碳当量），那么与食品冷藏链相关的温室气体总排放量约为 12.65 亿吨二氧化碳当量，约占全球温室气体总排放量的 4%（国际制冷学会，2021）。若要准确估算食品冷链的温室气体排放量则需要更多数据来支撑。

除温室气体排放外，食品冷链在各个环节都会对环境产生影响。例如，农产品预处理、食品包装等环节会产生大量废料。

农产品预处理是指农产品在分类分级包装之前的清洁、修剪、次等品淘汰和清洗，此环节会向环境中排放有机物和污水。垃圾堆会成为害虫滋生的温床，污水中含有需要安全处理的杀真菌剂和化肥的化学残留物。

冷链中的包装也会产生大量废料。包装材料通常为塑料、木材、纸张和铝箔，用于制造一级包装（独立包装产品、纸箱等）、二级包装（瓦楞纤维板箱、塑料周转箱等）和三级包装（散装箱、托盘、角板、收缩膜、气囊等）。这些材料通常被设计得更加坚固，能够承受高湿度和温度动态变化等环境条件，所使用的材料会对食品损耗产生直接影响。包装在使用后通常被直接丢弃，成为城市垃圾的主要来源之一。冷链包装的标签也包含适用于冷链的特定元素，如温度敏感（热变色）油墨和监测系统（纸质和电子数据记录器）。

食品冷链的分销环节也会对环境产生影响。公路运输的方式会排放高浓度的空气污染物，如硫氧化物、氮氧化物和颗粒物。运输车上的制冷单元加重了这一影响。据估计，一辆欧盟第六代拖挂式运输车上的制冷设备所排放的氮氧化物和颗粒物，分别是运输车引擎的 6 倍和 29 倍（Dearman，2015）。然而，运输制冷设备的法规和标准制定暂不完善，所以即便运输制冷设备对环境造成的影响非常大，其对环境造成影响的数据仍然很少。

鉴于全球食品冷链的预期增长，采取"一切照旧"的做法将加剧气候变化，带来其他关于可持续性的挑战，并可能产生长期影响。这对于世界气候稳定和实现可持续发展目标造成了巨大威胁。在发达国家，冷链设备的排放量已经很高，因此更需要以最小的环境影响来发展可持续的食品冷链，降低排放曲线。同时，对于正面临着能源不安全问题的发展中国家，通过使用清洁能源避免碳排放的大幅增加，对于避免给本就紧张的能源系统增加压力、优化能源基础设施投资都非常重要。

3 可持续食品冷链

食品冷链对于打破数百万人饥饿和贫困的恶性循环，和应对到 2050 年再养活 20 亿人口的挑战至关重要。然而，同样重要的是在地球资源有限的情况下，找到可持续实现这一目标的方法，同时适应气候变化并增强韧性。因此，我们迫切需要向可持续食品冷链转变。

3.1 什么是可持续食品冷链？

在冷链发展的背景下，"可持续性"一词经常被以一种不明确和宽泛的方式使用。重点往往是冷链供应的各个组成部分，判断标准狭义地集中在诸如更换制冷剂、测量能源效率、量化节省能源费用等步骤上，并将这些改进作为评估投资回报的基础。就冷链本身而言，这些只是从业务角度来评估收益的因素。制冷技术所带来的更广泛的经济和社会利益通常被视

©iStock

为"软收益"，而不是核心驱动力。可持续食品冷链有助于应对这一挑战。

总的来说，人们对于经济、环境和社会可持续的食品冷链系统应该是什么样子的理解十分有限，尤其是在未来需求和创新的背景下（例如电动汽车、区块链、无人机、电子商务等）。实现可持续食品冷链需要考虑的不仅仅是安装特定制冷设备或使用新的能源，还需要考虑冷链商业生态系统中与其他活动、实践和机会等有关的方面。要想实现真正可持续并具有韧性的食品冷链，需要理解、量化和评估制冷所带来的更广泛的潜在战略影响，以及其与更宽泛的气候和发展目标之间的联系，同时考虑到包括妇女和青年在内的贫困、弱势和边缘化的食品生产者。

最后，在没有对当前和未来冷链需求的规模和性质进行全面评估的情况下，匆忙学习技术、安装设备可能会导致深远的社会、经济和环境后果，使冷链系统复杂化，影响能源的使用，产生相关气候风险，并关系到其在营养、健康

和民生方面的可持续性作用。这就是可持续食品冷链如此重要的原因（图 3-1）。

图 3-1 为什么可持续食品冷链如此重要？

资料来源：Toby Peters 教授和 Leyla Sayin 博士。

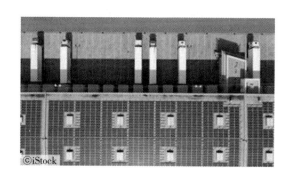

3.2 可持续食品冷链和可持续发展目标

可持续食品冷链对于增强人类幸福感、促进经济增长、减少温室气体排放，以及增强食物链和更广泛群体的韧性至关重要。因此，建立健全的食品冷链不仅能平衡环境、社会和经济利益，还能进一步在实现联合国可持续发展目标中发挥关键作用（图 3-2）（联合国经济和社会事务部，2020）。可持续食品冷链对于实现《巴黎协定》和《蒙特利尔议定书》的气候变化目标也至关重要（特别是《基加利修正案》和《罗马宣言》）。如果处理得当，食品冷链可以为许多可持续发展目标做出贡献。例如：

减少粮食损失和浪费，从而减少饥饿，提高小农户和渔民的收入（可持续发展目标 1：消除贫穷；可持续发展目标 2：消除饥饿）；

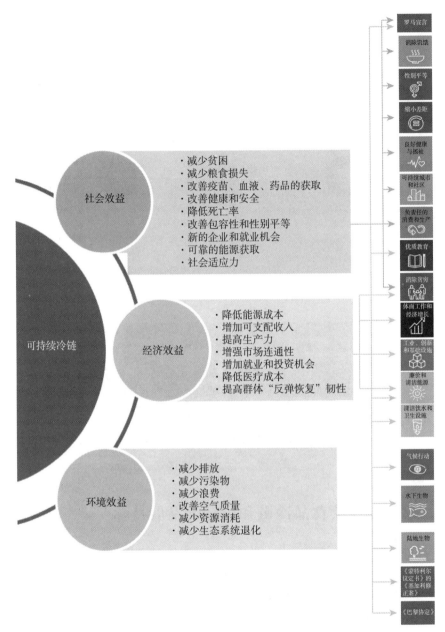

图 3-2 可持续冷链的多重效益及与国际气候和发展目标的联系

资料来源：Toby Peters 教授和 Leyla Sayin 博士。

　　减少粮食损失和浪费，减少农业投入品使用（可持续发展目标 6：清洁饮水和卫生设施；可持续发展目标 12：负责任的消费和生产；可持续发展目标 13：气候行动）；

增加市场连通性，促进当地经济发展，减少农村地区的贫困（可持续发展目标 1：消除贫穷；可持续发展目标 8：体面工作和经济增长）；

创造就业机会，减少向城市贫民窟迁移的可能（可持续发展目标 8：体面工作和经济增长）；

帮助解决性别障碍和广泛的包容性问题（可持续发展目标 5：性别平等；可持续发展目标 10：缩小差距）；

减少食源性疾病并保护食品的营养质量（可持续发展目标 3：良好健康与福祉）；

改善空气质量并降低环境中其他污染物浓度（可持续发展目标 3：良好健康与福祉）；

通过减少贫困来减少童工现象，从而防止教育中断（可持续发展目标 4：优质教育）；

通过提供基于可再生能源和废热能资源的离网技术，使用被动冷却技术以及热能储存技术，改善对清洁能源的获取和减少能源成本（可持续发展目标 7：廉价和清洁能源；可持续发展目标 13：气候行动）；

建立抵御突发外部冲击的能力，提高人们快速恢复、适应与气候相关的影响和抵抗流行病的能力（可持续发展目标 11：可持续城市和社区）。

3.3　可持续食品冷链和公平

"不让任何人掉队"应该成为可持续食品冷链供应的核心。因为无法获得冷链技术的社会和经济体，很有可能是贫困、弱势和被边缘化的农民、渔民，以及他们的社区、身边的妇女和女孩。如果在扩大和升级食品冷链的同时没有仔细考虑公平问题，可能会进一步加剧不平等。

据估计，全球约有 5 亿小农户，占世界贫困人口的比例较大（世界银行，2016），同时他们也是主要的粮食生产者。在亚洲和撒哈拉以南的非洲，小农户贡献了 80% 的粮食产量（企业行动倡议，2021）。通过食品冷链实现更广泛的市场连接，生产者能够种植更高价值的农产品。他们还可以通过新的市场机会增长灵活性和韧性，并在新的生长条件出现时种植更适合的农产品。

性别不平等是冷链中需要关注的另一个方面。在发展中国家，妇女占农业劳动力的近一半，从拉丁美洲的 20% 到东亚、东南亚和撒哈拉以南非洲的近 50%，她们在养活世界不断增长的人口方面发挥着关键作用（粮农组织，2011）。在撒哈拉以南的非洲，妇女农民负责 90% 的加工工作和 80% 的食物储存工作（Vercillo，2016）。然而，由于女性无法获得农业信贷、资产、投入和服务，妇女的产量比男性农民少 20%～30%（世界银行，2017）。

因此，在制定减少粮食浪费的干预措施时，例如在冷链环节制定措施时，考虑妇女（在农场、工厂和家庭中）的角色以及她们的权益、获取资源和知识的机会非常重要（Vercillo，2016；粮农组织和德国国际合作机构，2019）。消除基于性别的不平等可能会使发展中国家的农业总产量增加约2.5%～4%（世界银行，2017）。

与此同时，受到饥饿影响的妇女和女童比例明显偏高，占长期饥饿人口的60%（联合国妇女署，2021）。妇女在家庭中的权力和她们对资源的控制力往往与其子女的营养和体重有关（"人人享有可持续能源"组织，2021）。因此，对于妇女和儿童而言，获得冷藏设备对于营养和食品安全至关重要。在贝宁，一项针对母亲的研究表明，在儿童成长的关键阶段，冰箱能帮助儿童获得更安全的饮食和更全面的营养（"人人享有可持续能源"组织，2021）。获得延长易腐食品保质期的冷藏设备可以提高妇女的劳动生产率，增加她们从事家庭以外生产活动的时间（"人人享有可持续能源"组织，2021）。

同样的，由于更有可能没有独立收入，以及无酬照护工作的分配不平等，妇女面临着经济劣势和更高的贫困风险（联合国妇女署，2017）。增加妇女获得可持续冷链的机会有助于提高她们的生产力和收入，维护粮食安全，并缩小性别差距。针对妇女的食品冷链工作实例——所罗门群岛"马莱塔岛做冷藏工作的妇女"项目（插文3-1）、柬埔寨的赋能项目（插文3-2）和尼日利亚的Eja-Ice（插文3-3）。

为了更好地确定这些挑战并提出合适的解决方案，需要根据男性和女性的不同需求和限制进行更多的性别敏感分析，以确保可持续食品冷链的包容性发展。

➡ 插文3-1 "马莱塔岛做冷藏工作的妇女"项目：所罗门群岛

"马莱塔岛做冷藏工作的妇女"项目位于所罗门群岛的农村地区，旨在为靠烹饪和卖鱼为生的妇女提供太阳能冰柜，从而增加她们的营销机会。渔业是该国约30%人口的主要收入来源，该国80%的居民生活在农村地区，只有48%的人能用上电。因此，完善渔业冷链有助于促进当地农村地区的发展。

容量约为200升的太阳能卧式冰柜①被捐赠给了马莱塔岛农村地区的妇女团体。妇女们用其临时冷藏鱼类和其他易腐食品。此外，她们还冷藏了从首都带来的一些其他冷冻品，如鸡肉等肉类，从而在村庄里出售。在这个项目的支持下，该地区第一次拥有了冷藏设备。在项目实施的第一年，这些冰柜存放了约1 000千克的鱼，被487人使用，出售这些冷冻品使妇女们能够获得足够的收入来支付冰柜使用费。

①请注意，这些冰柜使用的制冷剂是 HFC‐134A，它具有高达 1 430 的全球变暖潜能值。

资料来源：粮农组织。

➡ 插文 3‐2　基于可再生能源的冷链与妇女参与的洛尔斯·特梅（Lors Thmey）蔬菜配送系统：赋能项目，柬埔寨

　　联合国妇女署和环境署联合发起了一个赋能计划，该项目将于 2022 年上半年在柬埔寨茶胶省的洛尔斯·特梅办事处和首都金边分别安装两套容量为 18 米³ 的移动太阳能混合冷藏系统，并分别配备一辆冷藏卡车。洛尔斯·特梅自 2013 年以来一直与茶胶省的女性农民合作，为她们提供技术培训并销售包括蔬菜种子和肥料在内的农产品。洛尔斯·特梅资助了一个合同农场，从这些农场的收货点购买蔬菜。这些农场通常由农民商业顾问运营。该项目专门为 54 个女性合同农场提供服务。

　　项目面临的主要障碍是高额的资本投资和市场蔬菜价格的波动。为了应对这些挑战，环境署正在与其合作伙伴开发一个由补贴和低利率组成的金融机制，从而尽量减少价格波动带来的影响。同时制定季节性种植计划，根据季节需求种植不同类型的蔬菜。

资料来源：环境署。

➡ 插文 3-3 Eja-Ice 太阳能冰柜：尼日利亚

Eja-Ice 通过"以租代购"的方式为尼日利亚渔业供应链中的妇女提供太阳能冰柜，通过购置资产提高包容性。这些设备使当地妇女有机会开展可持续的贸易并养家糊口，同时提供了冷冻鱼、鸡肉等营养食品。Eja-Ice 还通过提供 36 个月的技术支持和保险服务来帮助妇女减少盗窃、火灾和人身意外风险。

©iStock

资料来源：Y. Bilesanmi、Eja-Ice，个人通信，2021 年 8 月。

4　设计可持续食品冷链

　　设计可持续食品冷链需要更全面的食品冷链观点。人们必须采取从源头到终端的系统方法，并考虑到各过程之间的动态相互联系和反馈回路，以及整个系统对社会、经济和环境的影响。同样重要的是，要采用面向未来的方法，了解冷链的需求、要求和技术会如何随着时间的推移而演变。

　　鉴于此，了解食品冷链可持续性的主要能源驱动因素和环境驱动因素，加之更广泛意义上的驱动因素（参见第2章第4节的讨论），以及这些因素将如何影响未来几十年的冷链需求和供应是必要的。同样重要的是，我们要思考清楚如果要成功向所有人提供可持续食品冷链，那么我们所面临的主要障碍是什么（图4-1）。这些即将在第4章第2节中得到阐述，并提供解决方案，用以在对环境影响最小的前提下促进可持续扩张，同时实现可持续发展目标并增强社区和系统的韧性。

　　目前，已有多种技术、项目、融资和商业模式、地方和国际政策以及其他努力都旨在解决与可持续食品冷链发展相关的问题。在了解可持续食品冷链的主要驱动力和障碍之后，冷链开发商、政府、政策制定者和投资者就能确定最具成本效益的途径，从而过渡到更智能、去碳化和有韧性的食品冷链系统，并实现跨部门的更好融合，进而降低投资风险。归根结底，需要采用从源头到终端的系统方法以实现食品冷链的长期可持续发展。

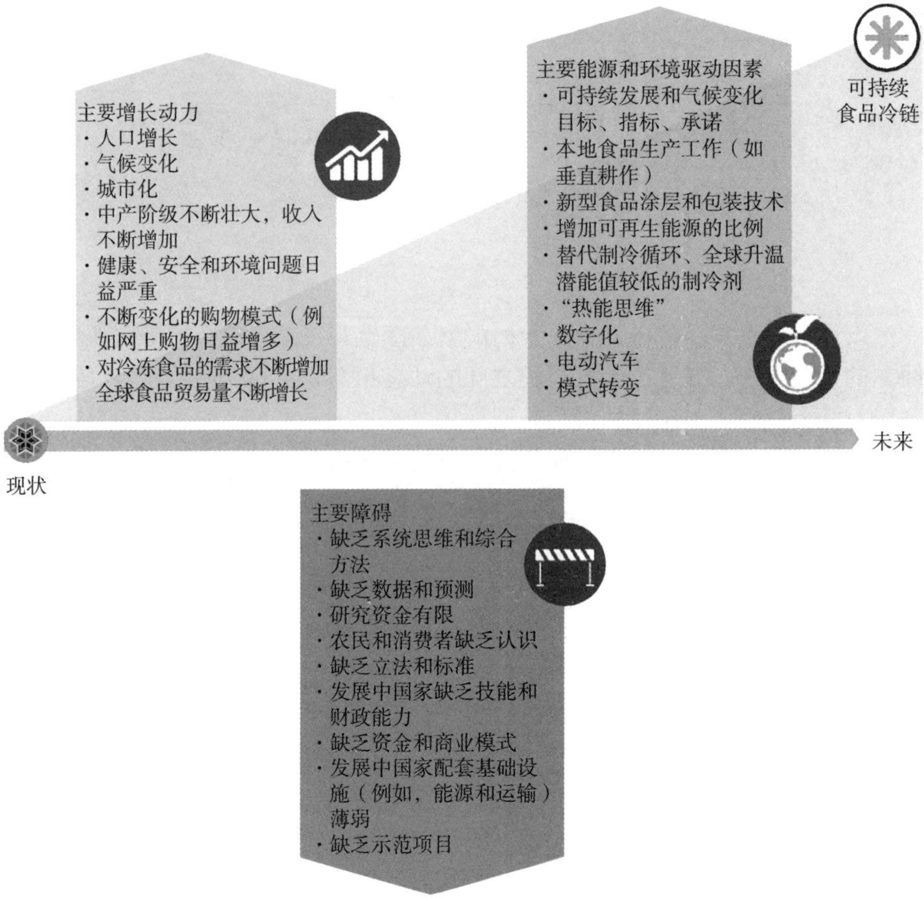

主要能源和环境驱动因素
· 可持续发展和气候变化目标、指标、承诺
· 本地食品生产工作（如垂直耕作）
· 新型食品涂层和包装技术
· 增加可再生能源的比例
· 替代制冷循环、全球升温潜能值较低的制冷剂
· "热能思维"
· 数字化
· 电动汽车
· 模式转变

可持续
食品冷链

主要增长动力
· 人口增长
· 气候变化
· 城市化
· 中产阶级不断壮大，收入不断增加
· 健康、安全和环境问题日益严重
· 不断变化的购物模式（例如网上购物日益增多）
· 对冷冻食品的需求不断增加全球食品贸易量不断增长

未来

现状

主要障碍
· 缺乏系统思维和综合方法
· 缺乏数据和预测
· 研究资金有限
· 农民和消费者缺乏认识
· 缺乏立法和标准
· 发展中国家缺乏技能和财政能力
· 缺乏资金和商业模式
· 发展中国家配套基础设施（例如，能源和运输）薄弱
· 缺乏示范项目

图 4-1　可持续食品冷链的主要驱动因素和障碍
资料来源：Toby Peters 教授和 Leyla Sayin 博士。

4.1　可持续食品冷链的能源和环境驱动因素

食品冷链的可持续性由众多的能源和环境因素驱动，这些因素包括：因人们日益认识到食物冷链在达成宏大的气候目标和可持续发展目标过程中的关键作用而推动新的法规制度、政策和倡议出台；对臭氧层零影响、对气候和资源的影响较小的先进设计方法和冷冻技术；运输模式的转变及其他因素。

可持续发展和气候变化的目标、指标和承诺

冷却和冷链对于实现可持续发展目标和宏伟的气候目标的重要性越来越被

全球认可。在行业的支持之下，许多国家都在制定和实施国家制冷行动计划。这些计划包括实现可持续冷却经济的战略计划和时间表，涉及制冷剂过渡（HCFC 逐步淘汰和 HFC 逐步减少）、减少冷却需求、提高最低能源绩效标准和提高普及化的可持续冷却目标等方面的长、短期考虑。

©iStock

截至 2021 年，在《巴黎协定》被提出后，已有 55 个国家在强化国家自主贡献（NDC）或在长期气候计划中承诺将减少制冷排放，而在 2015 年只有 6 个国家将制冷纳入其国家自主贡献中（清洁冷却合作联盟，2021）。国际社会还在《关于蒙特利尔议定书对通过可持续冷链发展来减少粮食损失的贡献的罗马宣言》文件（插文 4-1）和 2019 年联合国环境大会决议（插文 4-2）中承认了冷链在食品系统中的作用（臭氧秘书处，2021）。《罗马宣言》强调，"采取国家行动和国际合作以促进冷链发展的重要性，包括通过使用可持续和环境友好型的制冷剂来减少食物损失"。

日益提高的食物损失和浪费及相关的环境影响意识促使许多企业将这一问题提上他们的日程。例如，2021 年在联合国苏格兰格拉斯哥气候大会举办期间，食品零售商 Tesco、Sainsbury's、Waitrose、Co-op 和 M&S 承诺将与世界自然基金会合作，到 2030 年他们在英国生产的食物垃圾对环境的影响将减半（Lee，2021）。

> ## 🔵 插文 4-1 《关于蒙特利尔议定书对通过可持续冷链发展来减少粮食损失的贡献的罗马宣言》
>
> 《蒙特利尔议定书》控制着制冷行业广泛使用的消耗臭氧层的制冷剂的生产和消费，其中很多是强效温室气体。作为一项得到普遍认可的多边环境条约，议定书帮助在全球范围内逐步淘汰了 99% 的此类化学品，而且引用联合国前秘书长科菲·安南在 2003 年的话说，议定书通常被认为"也许是迄今为止，最成功的一项国际环境协定"（臭氧秘书处，2009）。议定书还提高了人们的认识，即需要在制冷和空调领域开发高效节能解决方案，以满足人们对人性化舒适冷却系统和食品及药品冷藏链的需求。

2016 年通过的《基加利修正案》为在全球范围内逐步减少氢氟碳化合物制定了明确的时间表，该修正案于 2019 年 1 月 1 日生效，预计将促进多个工业部门的全球化技术升级。这些部门（包括商业制冷和更广泛的冷链部门）依赖制冷气体，因此将受到当前逐步淘汰消耗臭氧层物质和逐步减少氢氟碳化物的行动的影响。

为此，在 2019 年于罗马举行的《蒙特利尔议定书》缔约方第 31 次会议上，意大利政府与臭氧秘书处和粮农组织协调，推动发表了《关于蒙特利尔议定书对通过可持续冷链发展来减少粮食损失的罗马宣言》（以下简称《宣言》）。截至 2021 年，共有 84 个缔约方签署了《宣言》。《宣言》旨在强调，在落实 2030 年可持续发展目标的同时，实现与消除饥饿和贫困、粮食安全、改善营养、气候行动、可持续农业和渔业以及健康和福祉有关的可持续发展目标方面冷链的作用。

此外，签署《宣言》的缔约方承诺将努力采取国家行动和开展国际合作以促进冷链发展，包括使用可持续和环境友好的制冷方式来减少食物损失，以及加强各国政府、签署《蒙特利尔议定书》的各机构、联合国专门机构、现有个人倡议者和公共倡议者及所有利益相关方之间的合作与协调，以达到交流知识和促进高效节能解决方案和技术的创新的目的，这些技术可以在冷链发展过程中减少《蒙特利尔议定书》中所限制的物质的使用。

资料来源：环境署和粮农组织。

➡ 插文 4-2 联合国环境大会第四届会议（UNEA-4）决议

国际最高权威的环境机构联合国环境大会（UNEA）于 2019 年 3 月在其第四届会议上通过了一项题为"促进可持续行动和创新解决方案以遏制

粮食损失和浪费"的决议。该决议呼吁各国政府、行业、组织和联合国机构采取多项行动，包括：

开发和共享能为农民和生产者带来价值的综合性、节能和安全的冷链解决方案的最佳做法，并引入创新的收获后技术，这些技术符合关于可持续冷却技术及食品物流和运输的国际承诺，可以延长敏感产品的保质期。

促进以下方面的应用研究：

▶ 气候条件对生产、储存和运输的影响，这些气候条件导致在多种环境条件下（包括在高环境温度国家）的粮食损失和浪费；

▶ 创新解决方案，以避免损失并最大限度地减少其对生产链的影响；

▶ 行业参与：为农民、生产者和中小型企业引入适当的节能制冷和其他冷链解决方案，包括收获后和加工期间的设备，以及运输设备。

资料来源：环境署。

致力于增加本地粮食产量

增加本地生产的粮食数量可以减少国家对进口的依赖，确保粮食供应更加稳定。新冠疫情凸显了这一需求。增加本地粮食产量还能缩短输送距离，从而减少对运输和储存的冷却要求。根据一项估算，在使用相同燃料的情况下，5千克的食物可以通过轮船运输 3 800 千米，通过铁路运输 2 400 千米，通过卡车运输 740 千米，而通过空运仅能运输 43 千米（Brodt 和 Feenstra，2007）。

例如，为了促进本地生产，英国网上超市 Ocado 已在垂直农业领域投入巨资（BBC 新闻，2019；Baker 和 Laister，2021），该行业预计将从 2021 年的 36 亿美元增长到 2028 年的 176 亿美元，复合年增长率为 25％（Fortune，2021）。然而，由于各种因素，本地生产可能无法满足所有需求，因此仍有必要与更适合的食品生产地区进行食品冷链连接。

新型食品涂层和包装技术

新技术可以在冷藏的同时延长食品的保质期，在某些情况下还可以减少对冷藏的需求。例如，在英国的 Co-op 商店，生鲜产品供应商 Jepco 推出了创新的"活莴苣"产品，整个莴苣头的根系完好无损，比传统的袋装沙拉叶保存时间更长，保质期达至少 7 天（Cheshire，2021）。另一个例子是 Apeel，这是一种源自植物的可食用涂层，由存在于水果和蔬菜的果皮、种子和果肉中的脂质和甘油脂制成。该涂层由 Apeel Sciences 开发，可形成一道天然屏障，锁住水分，减少氧化，并延长保质期，保质期是未经处理的农产品的两倍（Apeel，2021）。

提高可再生能源在发电中的份额

作为去碳化行动的一部分，许多国家的可再生能源在发电中的比例一直在增加。在全球范围内，可再生能源发电量的增长速度超过了总体电力需求的增长速度（国际可再生能源机构，2020），太阳能光伏和风能正在成为许多地区最廉价的发电资源（国际可再生能源机构，2018）。然而，当代可再生能源在全球最终消耗能源中所占的比例仍然很低，仅为 10%，而且由于能源消耗量的同步增长，这一比例相比于 2015 年的 9.5% 仅有微弱增长（国际可再生能源机构，2020）。总体而言，可再生能源的增长将使得更多的冷链能够依靠非化石燃料电力运行。

热能思维

在许多情况下，使用废弃和错峰热能资源，而不是电力和化学电池，可以更高效地提供冷却和供暖，有时还可以实现协同增效。一些零售商已开始从制冷系统收集废热，用于商店的空间供暖和热水供应，从而节省能源和减少废气排放，实现总体减排。通过整合热能储存，热量将在高制冷负荷、低供热需求的时期储存，然后在供热需求高的时期供使用。一项研究表明，与使用燃气锅炉系统回收热量相比，使用热能储存的综合供暖和制冷系统每年可减少高达 13% 的温室气体排放和高达 18% 的能源消耗（Mauris 等，2020），还可储存冷能，以减少高峰时段的需求费用，并确保停电期间的不间断供应。

采用可替代的制冷循环

蒸汽压缩循环仍然是目前应用最广泛的制冷方法。不过，也有多种替代方法可供选择（插文 4-3）。例如，热驱动的吸附式制冷循环，它在能源来源方面具有灵活性（插文 4-4）。科学家和工程师一直在探索磁制冷或热声制冷等替代方法。虽然这些技术很有前景，但要证明它们是传统蒸汽压缩循环的替代品，还需要进行更多的研究和开发。

➡ 插文 4-3 新叶动态技术私人有限公司：GreenCHILL—生物质能冷藏室

GreenCHILL 不依赖电力或化石燃料，而是利用生物质能源，采用吸附制冷技术产生冷却，该技术使用水和 R-717（氨）的溶液作为制冷剂，这种制冷剂的全球变暖潜力值为零。吸附循环由热水提供动力，热水由使用生物质作为热源的锅炉供应。GreenCHILL 系统可与任何标准工业级为 10～20 吨的冷藏室整合，最大容量可达 150 吨，可用作冷藏库、预冷器、熟化室或牛奶冷却器。GreenCHILL 取代了传统的直接膨胀系统，可独立使用电网电力、太阳能或柴油发电机。由于活动部件极少，该系统运行安静，维护要求极低。

截至 2021 年，新叶公司已安装了 800 吨冷藏空间，惠及印度各地 5 000 多名农民。这些空间成为农场易腐农产品的销售平台，每套设备每年可带来 6 000 美元的额外收入。新叶公司还对 200 多名农民进行了收获后管理方面的培训，目的是将收获后损失从目前的 30% 以上降至 5% 以下。新叶公司还培训并雇用当地妇女和青年负责 Green-CHILL 的日常管理运作，为每个安装

© Akash Agarwal

点提供三个就业岗位，并增强务农妇女的能力。一个 GreenCHILL 系统每年可减少约 40 吨的温室气体排放量，因为它以碳中性的当地生物质取代了以煤炭为主要动力的电网。对于一个 20 吨的冷藏室来说，GreenCHILL 每月可节省约 4 500 千瓦时电。

资料来源：A. Agarwal，新叶动态技术私人有限公司，个人通信，2021 年 8 月。

➡ 插文 4-4 Coldway 技术公司—使用环保自冷藏的集装箱进行餐饭最后一千米配送

Coldway 技术公司是 Sofrigam 集团的一家分公司，采用基于固态气体吸附技术的创新方法开发自冷藏集装箱并将其商业化。这种方法依赖于氨

和金属盐之间的可逆热化学反应。采用了这种技术后，自冷藏集装箱在制冷模式下不会排放温室气体，所使用的制冷剂也不会对臭氧层造成影响。一旦系统完全充电，就能以自主模式产生制冷和加热效果，就像热电池一样工作。

Coldway 技术公司掌握了这一现象，为城市物流提供了一种既灵活又易于操作的静音环保制冷解决方案。2017 年以来，巴黎市已部署了约 50 个自冷藏集装箱，每个集装箱都安装在电动自行车或电动汽车上，主要为老年人提供餐饭。每天每个集装箱运送超过 20 千克的餐食，温度必须保持在 4℃（±2℃）。集装箱通过了 ATP 认证，其系统在工作日内可以在多次开门的情况下保证精确的温度调节，确保食品质量。

资料来源：D. Tadiotto，Coldway 技术公司，个人通信，2021 年 8 月。

权衡利弊并使用零臭氧消耗潜能值和全球变暖潜力值较低的制冷剂

作为对《基加利修正案》的回应，在相关法规的推动下，发达国家的食物链部门（如零售、餐饮和家用）正在迅速转向使用全球变暖潜力值低的制冷剂。许多发展中国家仍在使用氟氯烃等消耗臭氧层的物质，这些物质应在 2030 年前被完全淘汰；《基加利修正案》规定的氢氟碳化物淘汰时间表开始时间较晚，从 2024 年开始。在努力向 GWP 较低的制冷剂过渡的例子中，哥伦比亚①正在制定一项战略路线图，以促进"超低全球变暖潜力值"替代品的纳入，并提高该国零售行业的能源效率，促进淘汰受《蒙特利尔议定书》管制的物质和遵守《基加利修正案》（插文 4-5）。

➡ 插文 4-5 提高哥伦比亚零售分部门的商业制冷系统和设备的能效并改善其对环境的直接影响的国家战略

哥伦比亚制定了一项国家战略，旨在促进长期（2021—2030 年）采用技术措施以提高能效并减少零售（如超市）部门使用的商用制冷系统和设备对环境的直接影响，该战略不包括空调系统。

该战略文件描述了零售行业对商用制冷设备和系统的需求特点，并根据

---

① 作为第 5 条（发展中国家）第 1 组的一部分，哥伦比亚被要求在 2024 年减少氢氟碳化物的生产和使用，到 2045 年减少 80%。

其能源消耗情况和直接环境影响（包括排放）对现有冷却系统中设备的主要型号和配置进行了技术分析。它还提供了有关替代品和措施的信息，以减少设备和系统产生的直接和间接影响（例如，使用全球变暖潜力值较低的制冷剂的新技术、设备和系统操作的良好做法，以及报废制冷剂和系统的无害化处理）。

©iStock

此外，该战略概述了实施替代办法和措施的减排情况；与该战略有关的教育和培训工具；实施战略的法规、政策和融资备选方案、实施计划；以及支持制定该战略的方法或方案。执行该战略的主要障碍是确定融资机制，以支持获取执行技术措施所需的额外投资资本，从而提高能效并减少商用制冷系统和设备对环境的直接影响。该国在执行方面面临的主要挑战与下列需求相关：

■加强工作人员的培训和教育，以满足因技术变革、操作实践、制冷设备维护和终端处置而产生的新需求；

■扩大国家认证能力，在提高能效和减少对环境的直接影响的技术措施方面为技术人员提供支持；

■为实施能够提高能源效率和减少直接环境影响的措施制定新的劳动标准；

■鼓励商业制冷领域的新专业或技术职业，包括安装、维护和操作对环境影响较小（使用零升温潜能值或低升温潜能值的新制冷剂）和能效更高的新设备或系统；

■增强对制冷气体回收、再循环和再利用以及对报废制冷系统进行无害化处理的能力；

■为实施制冷能效技术提高信贷额度；

■寻求实施替代品的融资机制，因为其中许多替代品需要更高水平的投资（例如，参与碳信用市场以减少温室气体排放）；

■消费者责任制，开展对不同环保等级的产品提供不同服务的活动；

■以及提升制冷设备和空调研究机构的能力，支持对新技术进行必要的评估以适应该国的气候条件。

迄今取得的经验教训包括：

1　低容量商业制冷设备、系统的能源标签方案和最低能效标准（MEPS）的成功实施是激励缔约方直接和间接减排的关键因素。

2　为了支持可选择替代品的分析，并减少大容量集中式系统的能源消耗，有必要考虑针对商用制冷系统实施具体的MEPS，或强化零售行业的合理能源使用方案。

3　以制冷剂气体的健全管理为重点的法规，是对减少商用制冷设备和系统在运行期间和寿命周期结束时产生的直接环境影响的有效措施。

资料来源：E. M. Dickson、H. C. Mariaca Orozco 和 M. Suarez Orozco，哥伦比亚环境与可持续发展部，个人通信，2021 年 8 月。

在执行《蒙特利尔议定书》而获得的财政和技术的支持下，许多发展中国家都制定并实施了适合本国的淘汰和逐步减少制冷剂的政策措施[1]。此外，多边基金还资助了几个在使用天然制冷剂的发展中国家的成功示范项目，目的是支持和加速淘汰氟氯烃和逐步减少氢氟碳化物两个项目（插文 4 - 6 和 4 - 7）。

➡ 插文 4 - 6　在环境温度较高国家开展用非氢氟碳化物替代氟氯烃制冷剂 R-22 的示范项目：中东第一家二氧化碳冷藏超市（约旦）

在气候与清洁空气联盟的资助下，联合国工业发展组织（UNIDO）与约旦环境部及约旦和意大利的技术供应商合作，于 2018 年在约旦安曼的 Al Salam 超市实施了一个使用天然制冷剂的试点项目。在该项目下，中东首个跨临界二氧化碳制冷系统在一家超市得以实施。通过全面替换超市在使用的 R-22 设备，该项目证明了二氧化碳跨临界系统在环境温度较高国家零售制冷的可行性。

该项目的目的是评估使用二氧化碳作为工作流体的系统的性能和能效，以替代许多发展中国家零售设施中仍经常使用的 R-22 制冷剂。该系统于 2018 年 1 月安装，是一个具有并联压缩功能的二氧化碳跨临界增压系统。为了确保在最炎热的月份也能保持高效率，该系统集成了最先进的喷射器

---

[1]　多边基金向按《蒙特利尔议定书》第 5 条行事的国家（主要是发展中国家）提供财政和技术援助，帮助它们履行《议定书》规定的义务，按照商定的时间表逐步淘汰消耗臭氧层的物质。

技术。该系统还采用了非过热蒸发器技术，适用于冷藏冷冻功能的食品柜和储藏室。系统产生的余热可回收用于卫生热水供应，从而进一步节约整体能源。

与之前的系统相比，跨临界二氧化碳制冷装置每年可减少 4 万千瓦时的电力需求，相当于每年减少约 32 吨的二氧化碳排放量。替代 R-22 的直接减排量约为每年 35 吨二氧化碳当量。该系统的成功使人们更好地了解了该技术在环境温度较高国家的适用性，并促进了国家工业的创新。

资料来源：联合国工业发展组织。

➡ 插文 4-7 阿根廷超市引入跨临界二氧化碳制冷技术的示范项目

从 2010 年到 2016 年，阿根廷最大的五家连锁超市规模增长了 63%（布宜诺斯艾利斯市，2011）。在此期间，全球变暖潜能值高达 1 760 的氟氯烃制冷剂 R-22 是零售食品制冷系统中使用最广泛的制冷剂，尤其是在超市行业。鉴于该行业对 R-22 的高度依赖，阿根廷的氟氯烃淘汰管理计划将淘汰超市使用的氟氯烃制冷剂作为优先事项。

2016 年 5 月，多边基金执行委员会批准了阿根廷的一个项目，旨在展示通过跨越氢氟碳化物转换步骤和引入基于天然制冷剂的技术来淘汰氟氯烃的可能性。该项目由工发组织执行，为期 30 个月，预算为 527 169 美元，目的是评估跨临界二氧化碳技术的性能和能效，并确定升级到这一技术所关联的激励措施和障碍。

根据工发组织和阿根廷国家臭氧机构（OPROZ）提供的技术要求，一家名为 EPTA Argentina S. A. 的商用制冷设备制造公司在其位于英国和意大利的设计总部的协助下，开发了二氧化碳跨临界系统。试点项目在布宜诺斯艾利斯省林肯镇的一家超市进行。该超市的两个中央制冷系统：一个用于低温，一个用于中温（依赖于 R-22）。此外，一些独立的冷藏柜（岛式冷藏柜和直立式冷藏柜）使用 R-404A，这种制冷剂的全球变暖潜力值更高，达到 3 920。

©iStock

在试验期的前 11 个月，二氧化碳跨临界系统的耗电量比超市项目前的基础设备少 28%（工发组织，2018）。此外，由于新系统的全球变暖潜力值和制冷剂泄漏量大大降低，该项目还带来了显著的直接减排效果（气候透明度组织，2019）。基于这些可喜的成果，受援公司 La Anónima 将跨临界二氧化碳作为其新分店的默认技术，并在可行的情况下对现有分支机构进行翻新。从 2016 年到 2020 年，七家不同的公司在阿根廷的总共 13 家超市采用了二氧化碳跨临界系统。2017—2020 年，同一供应商还在智利安装了 3 套此类系统，在厄瓜多尔安装了 9 套（工发组织，2018）。

资料来源：联合国工业发展组织。

然而，制冷剂的全球升温潜能值并不是评估技术对环境影响时需要考虑的唯一参数。影响制冷系统效率的其他参数包括制冷剂的热物理性质、制冷循环类型、热交换器设计、压缩机选择和控制策略等（国际制冷学会，2021）。在某些应用和环境中，与全球变暖潜力值较高的替代品相比，使用天然制冷剂实际上可能会导致更高的能耗和总体升温影响。例如，英国超市集团 ASDA 测试了天然制冷剂 R-744（二氧化碳）与氢氟烯烃系统的对比情况（插文 4-8）。

某些制冷剂还可能带来操作层面的挑战，如易燃性、毒性和高压，如果处理不当，可能会导致公共安全风险。因此，必须探索各种技术替代品和同类最佳系统，以评估其在能效、排放和操作使用方面的最优解。此外，还必须确保具备必要的安装和维护技能。

> **⊙ 插文 4-8 ASDA 对天然制冷剂和氢氟烯烃系统的探索："尝试而非错误"**
>
> 　　英国超市集团 ASDA 正在探索到 2040 年实现净零排放的可能性。为此，ASDA 委托咨询公司 WAVE Refrigeration 评估公司评估正在试用的不同制冷技术的温室气体排放量以及资本和运营支出。评估结果显示，ASDA 采用氢氟烯烃制冷剂（特别是 R-454A，其全球变暖潜力值为 237）是其所有考虑的技术中年排放量最低的方案。评估发现，与氢氟烯烃系统相比，使用高压天然制冷剂 R-744（二氧化碳）的系统效率较低，增加了能源消耗，从而导致更高的排放量。
>
> 　　然后，二氧化碳制冷剂系统对 ASDA 来说是一个有吸引力的替代品，因为该公司可以通过该系统抵消氢氟烯烃（HFO）制冷剂带来的二氧化碳排放以实现其净零排放的目标。然而根据调查，ASDA 得出的结论认为，与 HFO 系统相比，二氧化碳系统的能源和维护成本较高，因此目前的资本和运营支出也会较高。
>
> 　　资料来源：J. Bailey 和 B. Churchyard，Asda 百货有限公司，个人通信，2021 年 8 月。

数字化

　　在新冠疫情期间，即使是发达国家的食品冷链也难以满足消费者的需求。由于世界各地的冷链往往比较分散，利益相关方之间的数据共享有限，这降低了冷链的灵活性和韧性。为此，应加快整个冷链的数字化步伐，提高从源头到终端的可视性和透明度，以改善产品的温度管理和可追溯性，并监测和优化冷链设备，防止运行故障，确保系统性能[①]。

　　数字化还有助于实现冷链库存管理的现代化。这有助于 FEFO（先到期先出），可追溯性和分析等流程可促进供应链优化，与物联网和人工智能共同作用支持集成和无缝运营，而透明度则可以缓解供应链中的权力不平等现象。例如，为了减少牛奶供应链中的变质现象，总部位于肯尼亚的 Savanna Circuit Tech 公司开发了一种太阳能在途制冷系统，以及一种由人工智能支持的乳品管理系统（插文 4-9）。

　　利用先进的路线优化技术缩短运输时间是降低冷链物流排放量和成本的另

---

　　① 有效的优化、监测和维护可将冷却温室气体排放总量减少 13%，并在设备寿命期内实现高达 20% 的可观节能（2018 年基加利冷却效率计划）。

一种方法。例如，路线规划软件平台 Routific 在 2019 年帮助世界各地的快递企业减少了 11 322 吨温室气体排放，相当于种植了 50 多万棵树（Routific Solutions Inc，2021）。然而，即使在许多发达国家，路线优化技术的采用率也很低。例如，在英国只有不到 20% 的配送企业使用路线优化技术（冷链联合会，2021）。

自动驾驶汽车同样受到关注，主要是在发达国家。例如，Ocado 最近与英国自动驾驶汽车公司 Oxbotica 合作，将自动驾驶汽车整合到其数字化供应链中。这样做是为了能更好地应对高峰期的送货需求，降低其即时服务成本，并加快向电力驱动车辆的转变，从而减少对环境的影响（Ocado，2021）。

➡ 插文 4-9　肯尼亚太阳能牛奶运输

Savanna Circuit Tech 是肯尼亚一家以创新为核心的公司，致力于"研究当地问题，提供具有社会经济影响的综合技术解决方案"。在将牛奶生产中的变质归因于农民处理牛奶的技术不佳之后，该公司开发了一种经济实惠的在途冷却系统，以安全运输牛奶。该系统利用太阳能使牛奶在从牧场到收集中心的运输过程中保持低温，这使农民能够最大限度地减少牛奶损失和变质情况的发生，并确保能够从生产的牛奶中获得收入。合作社和牛奶加工商也可以使用这项技术。

该技术核心为一个安装在摩托车上、与太阳能电池板相连的铝制储奶罐，太阳能电池板产生电能来冷却牛奶。该系统还配有牛奶 pH 测试工具和称重秤。这项服务要求奶农下载一个名为 Maziwaplus 的应用程序，该程序可记录每位奶农售出了多少牛奶。公司还将奶农们组织成小组，以接近满负荷的状态操作设备。牛奶需要运往散装商时，奶农会通知公司——这些公司收购从不同奶农处收集的牛奶，将其冷却后卖给加工商。Maziwaplus 系统操作员到达现场收集牛奶后，对牛奶进行称重、pH 检测，并在运输途中将牛奶冷却至 4℃，直至到达散装站。每个冷却装置的容量为 120 升，但可根据客户要求定制，最大容量可达 1 000 升，农民通过移动支付获得报酬。

公司最初的重点是直接向农民销售，但事实证明，该系统的单位成本（80 美元）对大多数中低收入农户来说太高了。因此，该公司决定采用租赁模式，即以每千克 0.003 美元的价格将牛奶运到散装商处。生产商、摩托车司机和散装商通过一个移动应用程序连接起来，确保各方的参与和协作。据该公司报告，在冷却系统商业化之后，农民的牛奶销量增加了 40%。总共有约 4 500 人从中受益，其中包括牛奶生产商和司机等直接受益者，以及新的后端工作（如牛奶交付后冷却装置的清洁工作）的间接受益者。

©iStock　　©iStock

该公司活跃在肯尼亚四个目标地区中的两个地区。该公司面临的一个主要挑战是如何获得资金，以将业务扩展到该国其他地区。此外，鉴于这些市场的特点是文盲率高，该公司致力于通过让农民参与技术开发来使该技术尽可能简单易用。目前的扩张能力取决于公司的利润，每月最多只能增加两到三个单位。不过，由于乳制品价值链的相似性，该公司打算将业务扩展到其他非洲国家，特别是卢旺达、赞比亚和乌干达。

资料来源：S. Mettenleiter 和 V. Torres-Toledo，SelfChill，个人通信，2021 年 8 月。

电动汽车

电动汽车在减少冷藏运输排放方面将发挥至关重要的作用，在发达国家，电动汽车技术及其所需的基础设施都在迅速发展。例如，英国超市乐购（Tesco）已承诺，到 2028 年，其送货车队将完全电动化，并将此作为到 2035 年实现净零排放承诺的一部分，而且该超市已在伦敦地区部署了 30 辆电动送货车。此外，乐购还将在其所有门店为顾客推出 2 400 个充电点（《商业车队 2020》）。与此同时，Waitrose 将成为英国首家试用电动送货上门货车车队的超市（插文 4-10）。

◯ 插文 4-10　Waitrose 将在伦敦试用无线电动送货车

作为到 2030 年整个运输车队不再使用化石燃料这一宏伟目标的一部分，英国连锁超市 Waitrose 与 Flexible Power Systems 公司合作，计划于 2022 年初在伦敦试运行一支可无线充电的电动送货上门车车队。该项目以爱丁堡市议会和赫瑞-瓦特大学于 2021 年进行的轻型商用车无线充电技术试验为基础，由英国政府低排放车辆办公室通过其创新机构 Innovate UK 提供资金。这些货车将全部停放在 Waitrose 圣凯瑟琳码头店，如果试验成功，

Waitrose 还打算将其推广到其他门店。

©iStock

该试验涉及 7 辆沃克斯豪尔 Vivaro － e 送货车，每辆都配备了 75 千瓦时的电池，续航里程可达 330 千米。这些货车混合使用无线和有线充电基础设施。厢式货车底部装有一个很薄的充电板，货车可以停在嵌在地面的充电板之上开始充电。它们还可以插上电源过夜充电。无线充电套件的额定功率为 44 千瓦，有线充电器的额定功率则为 11 千瓦。

无线充电技术在商业应用中能带来很多好处，包括更快地开始充电、提高司机的工作效率和车辆周转频次、减少绊倒危险和维护需求（因为没有电缆）。无线充电器对于无人驾驶充电汽车的出现也至关重要。

资料来源：M. Ayres，Waitrose，个人通信，2021 年 8 月。

运输模式的转变

冷却运输技术不再采用高排放模式，可以大大降低对环境的影响。例如，Zipline 无人机递送服务自 2016 年起已成功地通过无人机从其配送中心向卢旺达的农村社区递送医疗用品，并自 2019 年开始向加纳的农村社区递送医疗用品。目前，Zipline 将卢旺达 65% 以上的血液供应运送到基加利以外的地区；2019 年，该公司增加了加纳近 1 500 万人获得医疗用品的机会（加纳卫生部，2019；全球疫苗免疫联盟，2021）。总部位于英国的食品配送公司 Just Eat 也开始提供无人机送货服务（Best，2020；Food & Drink International，2020）。

4.2 主要障碍和解决方案

尽管有许多政策、技术和其他方面的驱动因素促使人们对可持续冷链产生更大的兴趣，但在推广应用方面仍存巨大的障碍。以下各小节将讨论这些障碍以及解决这些障碍的举措和方案。

缺乏系统层面的思考和综合方法

用系统思维来更广泛、更多样地考虑如何满足冷却需求在实践中很重要。然而，此类系统目前能够采用的方案非常有限，而且尚未完成大规模的示范。

采用系统方法需要将制冷需求与制冷结果结合起来，建立关于共同目标的共识，在政府和行业合作的同时，平行协调各执行伙伴间的关系，同时制定有资金支持的政策，以影响学术研究，推动创新、新商业模式产生和大规模采用。

然而，食品冷链的高度多样性和大量的跨部门参与者使得利益相关者之间的沟通与合作变得困难。举个简单的例子，统计数据显示，英国汽车 28.6% 的行驶里程为空载状态，车辆载重量利用率仅为 63%（Greening 等，2019）。通过加强运营商之间的合作，可以减少空载问题，从而最大限度地降低冷链物流成本和温室气体排放。

作为系统化冷链研究设计和路径图项目的实例，ENOUGH 和零排放冷链（ZECC）项目采用系统性方法来发展英国的食品冷链，旨在量化和基准化能源使用和排放量，并为英国食品冷链行业创建了一个路径图，以确定减少排放的机会（插文 4-11）。

> ⭕ **插文 4-11 ENOUGH 项目和零排放冷链（ZECC）项目**
>
> ENOUGH[①]项目汇集了 9 个欧盟国家，以及挪威、土耳其和英国等 28 个合作伙伴，他们在食物链各环节（冷藏、烹饪、烘焙、干燥）拥有深厚的专业知识基础。在该项目期间，ENOUGH 团队将生成有关食物链排放的最新信息，制定战略路线图（涵盖技术、政治和财政），开发数字工具和智能数据分析方法，以量化和基准化能源使用和排放量，并展示较高水平的科技成果。
>
> 在为期四年的项目中，该团队将运用创新概念和技术，包括最小化冷却、冷冻和加热过程的能源使用并最大化能源效率、更广泛地引入天然制冷剂、热存储技术、能源需求和供应战略、冷却和加热的智能集成、高温热泵、吸附冷却、热驱动能源生产循环、更多地使用零碳能源（包括氢、太阳能和地热能）、高效运输和包装、替代食品供应链和智能冰箱。
>
> 与此同时，ZECC 项目还汇集了不同的利益相关者，包括食品冷链领域和可持续能源领域的顶尖跨学科研究人员、政府和全球机构、关键行业和技术创新者以及从农民到零售商的冷链客户，为他们提供基本的新知识。其目的是提供一种系统方法，重新定义冷链架构，并绘制到 2050 年实现净零排放的可行路径图，从而实现：1）需求和气候相适应；2）恢复能力提升；3）从农民和渔民到消费者的食品行业冷链的去碳化。
>
> ①https://enough-emissions.eu
> 资料来源：K. N. Widell, SINTEF Ocean AS，个人通信，2021 年 8 月。

冷却和食品冷链需求仅以零散的方式得到解决

在全球范围内，冷却和食品冷链工作往往侧重于单项技术研究或孤立的干预措施。这导致其未能实现最佳效果，错过了参与者之间共享设施、数据和资源的机会，也导致了能源利用效率低下和缺乏连通性。许多发展中国家的政府继续把重点放在部署冷藏设施上，而不是放在确保从农场到餐桌全程连通的一体化食品冷链上。"一体化冷链"的概念被误解为倾向于推动合并或是拥有全部所需的基础资产设施，而这在现实中是不切实际的。

食品冷链的整合意味着共享操作程序，以协调不同部门之间的交易，从而实现流程简化和实时反馈。食品冷链完整性的固有挑战和重要衡量标准是在没有任何质量和数量损失的情况下按时交付食品。

因此，政府需要制定政策，鼓励多种资产所有者和服务提供商之间达成合作。这可以通过放弃单纯

©iStock

的资本补贴，转而支持基于数量的吞吐量、市场扩张和减少食品损失等方面的增长目标来实现。

一些国家提供了更加综合的冷链政策方法的范例。例如，印度国家冷链发展中心（NCCD）于 2015 年开展了该国有史以来的首次冷链评估，确定了冷藏运输和现代化包装仓库方面的巨大能力缺口，之后该国将重点从盲目投资冷藏能力转向建设从源头到终端的冷链，从而实现从源头到目的地的无缝连接。在意大利，解决食物损失和浪费问题的综合政策框架受到国家法律支持（Legge Gadda），以促进食物浪费减少和高效冷链发展，包括提供共同融资用来采购保存易腐食品所需的设备（插文 4 - 12）。

➡ 插文 4 - 12　意大利促进食物浪费减少和高效冷链发展措施的综合政策框架

在欧盟层面不断发展的战略和规定框架内，意大利积极参与解决粮食损失和浪费问题，并在这一领域发挥领导作用，为实现联合国 2030 年可持续发展议程做出贡献。第 166/2016 号国家法律（Legge Gadda）规定的国家承诺包括以社会团结为目的捐赠、分发食品和药品以及减少浪费。该法律旨在促进废物回收和再利用，有助于实现意大利国家废物预防计划的总体目标。

该法律包含了国家反对食品浪费计划（PINPAS）的若干要素，旨在促进食品和药品的回收和捐赠。该法将食品浪费定义为因商业和美观原因或因接近保质期而从农业食品链中丢弃的仍可食用的食品的总和。

该法律通过在相关部委之间建立协调的实施和执行机制，规定了一项综合政策计划。生态转型部、农业和林业部以及卫生部协调，负责推动宣传活动，鼓励防止食物浪费。相关公共行政部门可以利用特定的职权，包括金融工具和物流措施，来促进针对剩余物再利用的举措，包括促进食品冷链发展和有效简化措施。

©iStock ©iStock

2018 年，生态转型部发起了一项竞标，共同资助在整个农业食品链（包括供应、运输、储存、保存、加工和分销）中与回收和再利用剩余食品有关的综合项目。重要的是，通过共同出资，可以提供冷链设备，支持减少食品浪费，如冷藏车和冷藏箱、鼓风冷却器、热食品车、冷藏室、冰箱和冰柜等。这些设备通过充分保存易腐烂的新鲜食品，促进实现减少浪费和保持质量的双重目标，同时将食品重新分配给社会最贫困阶层。

资料来源：F. Mannoni，意大利生态转型部，个人通信，2021 年 8 月。

有限的循证数据和预测

有关食品冷链需求和影响的数据和预测仍然有限。在不了解食品冷链当前和未来的需求规模、性质及其对能源消耗的影响和相关气候风险的情况下，匆忙部署技术和基础设施，最终可能会导致深远的社会、经济和环境后果。食品冷链市场信息的可获得性各不相同，有些部门几乎不提供任何信息。例如，冷藏食品协会（2021）指出："无论在英国、欧盟还是国际上都没有官方收集的有关冷藏食品的市场数据。"

同样的，关于当前食品冷链设备库存、设备销售、制冷剂库存和基准温室气体排放的循证数据也很有限。为帮助解决这一问题，英国、欧洲和发展中市场资助了一系列研究计划，其中包括确定和描述代表性国家冷链特定排放的准确可靠基准的一揽子工作。环境署和全球食品冷链中心还联合启动了冷链数据库模型开发项目，为食品冷链建模开发了一个完整的数据库（插文 4 - 13）。

⊙ **插文 4 - 13　冷链数据库**

全球食品冷链理事会（GFCCC）和环境署臭氧行动（UNEP OzonAction）正在联合开发一个数据库模型，用于量化库存、了解差距以及预测不同冷链应用和流程的各种方案。他们正在使用一种全面的评估方法和一种彻底的数据收集方法，以获取有关技术、制冷剂、食品损耗、能源、经济学和操作方法的相关信息。该倡议标志着我们迈出了第一步，即帮助发展中国家确定其冷链基准，以及 HCFC、HFC 或其他制冷剂的使用量。该模型旨在捕捉每个次级行业的细节和具体情况。除已确定的 7 个主要行业外，数据库的工作范围还包括 20 多个子行业和 50 多个次级行业，以确保模型的全面性和包容性。

为促进第 I 阶段和第 II 阶段的数据收集工作的推进，编制了一套详细的调查问卷，有英文、法文和西班牙文版本。数据收集活动涉及五大主题：

1) 各次级行业的应用数量和类型；
2) 每种应用所使用制冷剂的类型、数量和使用方法；
3) 基本能源消耗数据；
4) 有关食物损耗估计值和原因的信息；
5) 不同类型设施的基本资金支出和运营支出（CAPEX/OPEX）。

截至 2021 年，该项目处于在巴拉圭收集信息的初始阶段。巴拉圭确定了六个需要冷却的食品分部门（农场、工业、物流、超市、服务和终端用户）。从食品生产部门、工业设施、食品服务部门以及超市、物流和农场等其他次级部门收集了数据样本。当地专家对这些信息进行了验证和补充，全球气候变化框架公约秘书处和环境署臭氧行动工作人员对数据库和等效二氧化碳排放模型的数据进行了评估和测试。

初步结果表明，有必要提高某些行业的采样水平。数据收集过程显示，许多公司没有关于其冷藏和食品加工系统的量化数据，也不认为这些问题具有重大意义。改进数据收集的机会已确定，预计将于 2022 年初发布待定数据，以生成具有代表性的样本，从而建立一个包含可靠信息的数据库。

资料来源：环境署和《全球气候变化框架公约》。

关于食品冷链需求量和增长量及其对能源系统和气候的影响的预测也不可靠。通常情况下，预测工作是基于历史设备趋势的分析，因此无法捕捉未满足的需求以及驱动因素（从消费者行为变化到运输方式转变）对未来食品冷链供应的影响。

作为起点，各国必须开展强有力的基于需求的评估，以更好地了解其食品冷链需求和当前能力，并为制定可持续食品冷链路线图提供信息，从而实现可持续发展目标的各项具体目标。由"人人享有可持续能源"组织和赫瑞-瓦特大学（Heriot-Watt University）领导的"人人享有冷却"需求评估是一种新的评估方法，插文 4-14 是关于这种方法的一个例子。

➡ 插文 4-14 全民降温需求评估和国家制冷行动计划方法

在 2019 年世界臭氧日，联合国秘书长安东尼奥·古特雷斯（António Guterres）呼吁各国制定《国家制冷行动计划》（NCAPs），"在推动气候行动的同时，提供高效和可持续的降温，为所有人提供疫苗和安全食品等基本服务"。

由赫瑞-瓦特大学和"人人享有可持续能源"组织共同开发的"全民降温需求评估"是一种经过同行评审的工具，可供各国政府、发展机构和非政府组织评估建筑、城市、农业和卫生领域的各种降温需求，并确定满足这些需求的政策、技术和融资措施。这是高效设计可持续、有韧性的冷链系统，并确保其对环境和资源影响最小的必要第一步（Peters、Bing 和 Debhath，2020；Debnath 等，2021）。

在需求评估的基础上，许多国家正在制定国家适应计划，将其作为协调能效行动和逐步减少氢氟碳化合物的关键政策工具，并积极主动地满足其日益增长的冷却需求，同时减少冷却做法对气候的影响，改善冷却获取途径，并实现若干可持续发展目标。

为响应联合国秘书长 2019 年的号召，制冷联盟召集了若干国家率先启动能力评估计划，共同支持创建一个全面的国家能力评估计划，涵盖所有相关的冷却部门和最终用途（建筑物的空间冷却、移动空调、冷链和制冷），以及已满足和未满足的冷却需求。印度的"冷却行动计划"是这项工作的主要组成部分，因为它采用了全面的方法，涵盖了所有部门。其他重要的组成部分包括全民冷却需求评估，以及参与制冷联盟 NCAPs 工作组的各组织已制定或正在制定的 28 项 NCAPs。

在联合国环境规划署制冷联盟秘书处和联合国亚洲及太平洋经济社会委员会（ESCAP）的指导下，该方法由亚洲冷链联合会（AEEE）与联合国开发计划署合作制定，并帮助制定了印度冷却行动计划，目前正在柬埔寨和印度尼西亚进行试点、在联合国环境规划署制冷联盟秘书处和ESCAP的指导下，与联合国开发计划署、联合国环境规划署效率联合组织和臭氧行动、ESCAP、AEEE、清洁冷却合作组织、世界银行集团、赫瑞-瓦特大学、"人人享有可持续能源"组织、德国国际合作机构（GIZ）、中国能源基金会及电器能效组织合作。

这项研究可以在 https：//coolcoalition. org/national-cooling-action-plan-methodology 上找到。

资料来源：环境署制冷联盟。

对可持续食品冷链发展的财政支持有限

对可持续食品冷链发展的财政支持仍然有限。例如，2018 年欧盟仅将其工程研究总预算的 0.22% 用于冷却研究（Peters，2018）。研发投资不仅对于加快技术创新至关重要，而且对于使解决方案更加经济实惠、人人可得也至关重要。总的来说，与建立粮食冷链和减少粮食损失相比，粮食生产往往得到更多的财政支持。然而，各国政府和金融机构日益认识到，要应对不断增长的粮食需求，确保粮食安全，仅靠强化粮食生产已不再是可行的解决方案。在印度，政府通过向私营部门、企业家和农民组织提供财政援助和能力支持，以支持食品冷链的发展（插文 4 - 15）。泰国的《仓库、筒仓和冷藏法》于 2015 年生效，旨在促进私营部门参与并更多地投资于仓库、筒仓和冷藏设施，以帮助提高渔产品和农产品的分销（插文 4 - 16）。在东非，ARCH 冷链解决方案投资开发并建设运营了新的冷藏仓库、冷藏运输船，以降低由于缺乏冷藏设备而造成的易腐货物的损坏率（其中农产品和食品约占 90%，药品约占 10%）（插文 4 - 17）。

➡ 插文 4 - 15 印度发展可持续冷链的政策努力

印度是世界第二大蔬菜和水果生产国，也是世界十大鱼类和肉类生产国之一（Peters、Kohli 和 Fox，2018）。印度政府意识到冷链将为其农业和城市人口增加社会和经济价值，因此将发展冷链系统作为一项政策加以强调，这一点在其过去的五年计划、正在进行的任务以及专门的机构和部门中都有体现。政府本身并不创建食品冷链，而是以财政援助和能力支持的方式支持私营部门、企业家和农民组织发展。

政府实施了各种计划，主要有园艺综合发展计划（针对新鲜产品）和Pradhan Mantri Kisan Sampada Yojana 计划（针对加工业）。这些计划旨在为冷链的资本支出提供补贴，目的是填补冷链连接方面的现有空白，促进节能运营。为冷链基础设施的建设提供 35%～50% 的资本补贴，补贴范围扩大到各种组件，如现代化包装车间、冷藏车和集装箱、熟化装置和冷库，并包括节能系统、替代技术和现有设施的现代化。

在战略上，还通过对用于农产品（包括牛奶）的冷链服务免征商品和服务税来提供财政援助。此外，冷链部门已被列入银行优先贷款名单，以方便商业银行提供信贷。这些计划旨在提供冷链连接，并为所有冷链组件，如包装室、冷藏运输和成熟室提供财政援助（35%～50%）。

其他干预措施包括在 2012 年成立国家冷链发展中心（指导政策的节点咨询机构），以及在 2019 年发布《印度冷却行动计划》。政府还于 2015 年发布了最低系统标准，以指导新的冷链基础设施开发，这些标准适用于各部委和各部门，并有助于相关支持计划的衔接。印度还开展了一项全面的基线调查，整理了详细的技术数据，对全国所有冷库设施进行了地理标记，并对冷链的现状和差距进行了全面分析。此外，还采用了"从餐桌到农户"的逆向方法来评估满足现有消费模式所需的冷链基础设施，并对十年后的信息进行了预测。这些研究为政府支持计划的合理化以及在《印度冷却行动计划》中增加冷链议程奠定了基础。

印度政府认识到本国的冷链并不完整，因此鼓励采取合作的方式，将本国的努力与国际机构、行业、学术界及其他相关利益方的努力结合起来。

资料来源：P. Kohli，个人通信，2021 年 8 月。

➡ 插文 4－16　泰国《仓库、筒仓和冷藏法》

2017 年，泰国出台《仓库、筒仓和冷藏法》，旨在鼓励私营部门加大对仓库、筒仓和冷藏设施的投资，以帮助加强渔业产品和农产品的分销。该法案的出台缩短了审批过程和获得许可证所需的时间，为企业家使用这些设施提供了便利。审批职责由泰国国内贸易总干事担任，而非以前批准各项投资的商务部长。同时，该法案还被用于监督冷藏企业的运营，对违规者作出处罚规定，并对违规工厂实施监管。

资料来源：环境署。

➡ 插文 4-17　ARCH 冷链解决方案东非基金

ARCH 冷链解决方案东非基金旨在在肯尼亚、埃塞俄比亚、乌干达、卢旺达、坦桑尼亚和其他可能的地方建设和运营8～10个冷库，安装总容量约为10万个托盘的冷藏仓库。这些设施将按照 LEED 绿色标准建设，在能源和环境设计认证方面全球领先。运营单位将灵活整合货架系统，并采用基于天然制冷剂的技术。投资部分将包括现场废水处理厂、屋顶太阳能光伏系统的综合发电、对接仓和配套设施。该基金的目标规模是1亿美元，项目总成本约为2.1亿美元。

资料来源：A. Shakir, Global Gess，个人通信，2021 年 8 月。

立法和标准不足

在许多国家，立法和设立行业标准往往局限于某个部门的考虑，或者管理得不严格。这会使这些立法或标准中的措施在冷链等行业中的应用变得混乱和脱节，因此，不同部门之间的密切配合对于建立标准来说是至关重要的，即立法和标准应考虑到食品冷链行业中跨部门的技术和应用，这在实质上与多个部门的管辖领域都有重合。

与此同时，有关立法和标准也没能及时跟上技术进步的步伐。最低能效标准（MEPs）和能效标识是政府提高消费者对设备能耗认知、降低高耗能设备市场占有率的有力工具。然而，许多国家尚未采取有效的促进可持续冷链技术发展的最低能效标准等措施。在设有最低能效标准的地方，往往不能将性能最佳的技术大规模推向市场。

我们应该清楚地认识到，能效标签和相关标准能够促使设备制造商生产能效更高、全球升温潜能值更低的设备。日本的领跑者计划是一个良好的实践范例，其旨在运用市场上最有效的模式为家电设定能效目标，来引导设备的持续升级（未来政策，2014）。在全球范围内，能效监管准则联盟为正在建立标准的发展中国家和新兴经济体提供了指导（插文 4-18）。

➲ 插文 4-18 能效示范联合监管准则

典型的制冷装置和设备（基于蒸汽压缩系统）需要通过电力和制冷剂气体来运行。而来自化石燃料发电厂的电力（非经合组织国家近四分之三的电力来自化石燃料发电厂）会排放温室气体并释放空气污染源，许多制冷剂都能导致全球变暖，且其影响力是等量二氧化碳的 1 000 倍以上。提高能源效率和广泛使用对气候影响较小的制冷剂，以及建立最低能效标准和能效标签是提高效率、减少排放的最快且有效的方法。虽然许多国家曾经采取过这种政策干预措施，但其中许多都已经过时或者根本没有得到有效执行。如果一个地区没有适当的控制措施，那么该地区市场很容易成为高污染产品的倾销地。

《能效示范联合监管准则》包含的基本要素有产品范围、定义、测试方法、最低能效水平与最低性能要求，以及确保消费者能够放心购买优质高效产品的市场监督措施。例如，2021 年 11 月发布的《商用制冷设备指南》中，预期制冷设备供应量将在发展中国家和新兴市场中大幅增加，主要是由于这类设备能够在扩大制冷范围的同时减轻对能源供应、环境和地球的影响，电量消耗则因设备类型、大小、使用年限和维护方式的不同而存在较大差异。

该指南旨在解决低效商业制冷设备的过度耗电，这类设备每年可能消耗超过 1 万千瓦时的电力，而一些优质设备在相同的占地面积或存储容量下的消耗量不到其五分之一。这种能源的节约对拥有和使用这些设备的成本有着深远的影响。如果所有发展中经济体和新兴经济体都遵循该指导方针的最低效率水平，那么到 2033 年，每年将节约 42 太瓦时的电力，相当于65 个发电厂的发电量。此外，节约的电力还将减少 4 000 万吨二氧化碳的排放量，节省约 39 亿美元的电费。

巴西和智利的初步商业制冷项目已经公布，这一项目将使用该指南来推进新的最低能源绩效标准和能效标签，还有许多其他项目正在筹备中。目前，该项目在区域一级已经与东南亚的 10 个国家和东非、南非的 21 个国家开展了相关的政策协调工作。监管和自愿激励类型的干预措施也都在利用最低能效标准和能效标签等工具。

资料来源：联合国环境署效率联盟。

除了能效标签和设定行业标准外，能够鼓励向可持续食品冷链过渡的更广泛的立法往往很薄弱并且执行不到位。英国政府最近才宣布计划在 2022 年取消对运输制冷装置的红色柴油的补贴，以鼓励更清洁的运输（英国政府，2021）。然而，这一改变需要财政支持来帮助企业转型。根据冷链联合会的数据，此举将为供应链增加总计 1 亿英镑的成本（全球冷链新闻，2021）。截至 2021 年 10 月，英国的冷链部门尚未得到政府的任何直接支持。

在现有的金融和商业模式下，小规模农户负担不起可持续的冷却技术

冷却技术（无论是否可持续）往往需要较高的启动资金，限制了小规模农户对这些技术的应用。为了在地方经济中以小规模农户负担得起的方式提供可持续的冷链，特别是在发展中国家，需要建立针对小规模农户的新的融资和商业模式，以实现风险和成本的公平分配，从而克服可负担性、可行性以及冷链设备和基础设施投资创造的价值等问题。

微型金融机构可以发挥关键作用，使小农户或当地企业家能够购买新的可持续制冷设备，并通过提供将还款数额与所产生的收入挂钩的机制，缩短漫长的回款周期。同时，适当的财政激励措施，如设备补贴，可以减少可持续制冷设备的前期成本，也可以有效地提高设备利用率。此外，可以通过服务化模式，如现收现付（PAYG）和按储付费（CaaS）（插文 4-19），以及设备租赁和批量采购计划（插文 4-20），消除农民在资产所有权和维护成本方面的资金成本，从而解决财务困难，减少投资风险。

➡ 插文 4-19　巴塞尔可持续能源机构（BASE）：制冷即服务

制冷即服务（CaaS）是一种创新的商业模式，使终端用户无需前期投资就能获得清洁高效的冷却解决方案。这种服务化模式通过允许客户以已知的单位费用为所消耗的服务付费，解决了采取可持续冷却的主要市场障碍（较高的前期成本、技术风险和竞争的投资优先级）。在农业领域，特别

是在新兴经济体的偏远地区，这有助于小农户以可承受的成本储存农产品，并在适当的时间以适当的价格出售，从而减少变质食品的数量。它不仅可以增加农民收入，还可以减轻耕种土地的压力，使资源被更有效地利用。同时，冷却系统的所有权仍然属于技术供应商，技术供应商负责系统的服务和维护以及所有的运营成本。因此，供应商有动力改善能源效率并以此来提高利润率。

通过 CaaS 倡议（www. caas‑initiative. org），巴塞尔可持续能源机构（BASE）在清洁制冷合作组织（CCC，正式名称为基加利制冷效率计划 K‑CEP）的支持和全球气候融资创新实验室的认可下，加速了 CaaS 商业模式在全球范围从工业制冷和商用空调到农业和医疗冷链等各个部门和行业传播的速度，有效减少冷却使用的能源，降低温室气体的排放量，有力支持了可持续发展。

为补充 CaaS 倡议，巴塞尔可持续能源机构（BASE）正在与来自瑞士联邦材料科学与技术实验室（Empa）合作推动"你的虚拟冷链助手"项目（www. yourvcca. org），通过该项目，合作伙伴正在为冷库用户和运营商开发一个开放访问的、基于数据和科学的移动应用程序。该应用程序将仓储过程数字化，使农民能够实时跟踪存储作物的剩余保质期，同时提供有价值的市场信息和最佳方案指导，使农民有更多的时间出售他们的作物，以增加他们的收入，并减少作物腐败的数量。

针对印度（基于洛克菲勒基金会和万事达卡包容性增长中心共同资助的"data. org 全球创新挑战计划"的支持）、尼日利亚［基于德国联邦经济合作与发展部（BMZ）和德国国际合作协会的支持］等国家，巴塞尔可持续能源机构（BASE）及以上国家的合作伙伴正在按照 CaaS 模式设计和实地测试该应用程序。

资料来源：R. Evangelista 和 D. Karamitsos，巴塞尔可持续能源机构，个人通信，2021 年 8 月。

➡ 插文 4-20 Ecozen 解决方案：灵活的模型

Ecozen 解决方案是一家拥有两种冷链产品的印度供应商。第一个是 Ecofrost，是一种太阳能冷藏室，具有模块化、可扩展和便携式的存储能力，起重 2 吨。5 吨的标准容量单元安装了太阳能电池板（峰值 5 千瓦时），为基于变频技术的制冷系统主动供电，并为 30 小时的备用电源系统充电。为降低运行成本，备用电源系统取代了传统的电池，使用 62 块热板进行能量储存。为了支持供应链中收获点或分发点的需求，整个系统可以根据需要移动位置，具有较高的灵活性。同时，该系统的设计温度为 4℃，并配备了物联网和人工智能，可实现预防性维护。此外，该公司还提供了一个网格混合系统。

Ecofrost 成本为 120 万～150 万印度卢比（1.7 万～2.1 万美元），符合印度冷链支持计划的补贴条件。印度政府能够为安装太阳能冷库提供 35％～40％的补贴。公司的主要客户是农民或农民团体、供应链公司、现代零售、非政府组织或其他民间组织成员。Ecofrost 系统通常部署在农场门口以及当地售卖市场。

为满足不同的需求，Ecofrost 的营销分为三种商业模式：预先购买（直接销售）、租赁（资产租用）和社区模式（按使用服务付费）。因此，公司安装系统，用户既可以选择直接购买或租赁用于自己运营，也可以直接按次付费，由公司负责管理运营。除了为产品提供售后服务外，该公司还为农民提供以市场为导向的建议，帮助他们提高作物质量、减少损失、优化回报。

© Ecozen Solutions　　　© Ecozen Solutions

该公司的另一项产品是 Eco-connect，这是一项基于网络和应用程序的服务，可以将农民与买家联系起来，并促成交易。Eco-connect 从不同的市场获取易腐商品的价格，以帮助农民确定合适的买家。同时，买家可以通过这一服务筛选到有质量保证的产品，并与农民进行交易。为了方便交易，Ecozen 还会承担易腐农产品的冷链运输。

通过 Ecofrost 和 Eco-connect 这两款产品，Ecozen 为农民和买家提供了基于解决方案的服务，特别是在大容量冷链容量不可行的情况下。这些产品使公司能够创建不同的解决方案和商业模式，以满足不同购买能力的客户的需求，并为其提供服务。

来源：S. Deshmukh 和 R. Dolare，Ecozen Solutions 私人有限公司，个人通信，2021年8月。

食品消费者、生产者、冷链运营商和服务提供商缺乏可持续意识

消费者往往意识不到食品运输系统的排放影响。同样，虽然食品冷链运营商通常会注意到其冷却设备的能源消耗、维护和运营成本，但他们并不完全了解更大的排放影响。而且有时会缺乏关于更高效设备的可用性和生命周期效益的明确信息。为了提高大家对更可持续冷却技术益处的认识，能效标签、最低能效标准以及展示其影响的示范项目是至关重要的。

同样，冷链操作员往往缺乏管理和使用复杂冷链设备所需的技能。鉴于全球妇女的识字率相对较低，且发展中国家农业领域劳动力中妇女所占比例较高（"人人享有可持续能源"组织，2021），从其对收获后冷链解决方案的认识及操作效率方面来看，女性农民更具挑战性。除此之外，妇女在获得培训和教育方面也面临着更大的挑战。

农民通常专注于生产，而不了解食品冷链中不同环节的各种功能和潜在效益，从而导致对农产品进入市场前的冷链环节准备不足。例如，收割前的灌溉会影响农产品的保质期，最初的不当处理会导致预冷却后农作物的表面受损。虽然预冷是维持收获后农产品寿命的必要步骤（插文 2-2），但许多发展中国

家没有预冷设施。因此，重点应该从建设大型冷库单元转向综合考虑组成冷链的具有不同功能和需求的多个细分设备（如预冷设施）。

缺乏明确的投资方向

许多投资者和捐助者仍然没有充分认识到他们选择不同冷链干预措施带来的影响。因为他们如果做出不正确的选择，可能会导致资金流向不符合标准的干预措施，从而导致资源配置效率低下，增加温室气体的排放。新的法规和标准出台后，还需及时更换不符合标准的设备或进行升级改造，从而增加财务成本。

同样，冷链行业也需要更加明晰政府减碳政策，从而开展试验和采用新技术。例如，英国运输制冷装置的低排放燃料（如氢和氮）战略就鲜为人知（冷链联合会，2021）。根据该冷链联合会的一项调查表明，53%的人认为"缺乏明确的投资方向"是实现冷链运输船队净零排放的首要阻碍因素，24%的人认为是"缺乏技术"（图4-2）（绍索尔，2021）。

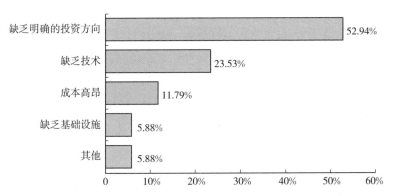

图 4-2　冷链联合会对冷链运输船队减碳阻碍因素的调查结果
资料来源：改编自绍索尔，2011 年。

缺乏熟练安装新设备、维护新技术以及处置旧系统、停用过时技术的人员

发展中国家往往缺乏必要的资源条件来安装新设备、维护新技术以及安全停用含有有害制冷剂和材料的旧系统。对新技术的需求正在逐渐增加，并在制冷剂的安全处理处置方面产生了大量的技术要求。随着冷链行业的快速发展和数字化转型，发达国家正逐步向替代制冷剂和新技术过渡，动态和持续培训的需求也变得至关重要。

例如，早在 2012 年，当欧盟委员会在修订欧盟 2006 年含氟温室气体法规的背景下推行逐步减少氢氟碳化合物使用时，欧洲空调和制冷协会（AREA）就提出预警说，与预估需求相比，接受过使用低全球升温潜能值制冷剂培训的运营商存在短缺的风险。十年后，局势更加恶化：培训率基本保持稳定，而对低全球升温潜能值替代品的需求却大幅增加。这一问题得到了广泛认可，并被认为是替代制冷剂在市场上得到更广泛应用的主要障碍。随着这些替代解决方案越来越多地被应用，能够安全地使用低全球升温潜能值制冷剂、获得认证的运营商也越来越被市场所需要（插文4-21）。

➡ 插文 4-21　欧盟的经验：对服务部门的技术人员开展替代制冷剂培训

欧洲空调和制冷协会（AREA）成立于1988年，代表了主要在欧洲的制冷、空调和热泵服务领域的大约1.3万家公司和11万名技术人员[①]。协会参与了发达国家和发展中国家的许多冷链项目，这些项目主要针对向零臭氧消耗潜能值和较低全球升温潜能值制冷剂过渡的技术和方案，并促进能源效率提高，引导政策选择。

欧洲空调和制冷协会强调了服务部门面临的许多挑战，包括与基础设施、电力、系统维护、适当的设备和有关能力的挑战。在过去的十年中，AREA在欧盟层面开展了密集的培训和认证工作，其中包括50万名技术人员的认证、工作系统的改进，以及制冷剂的回收、循环和再利用。

对于新的替代品和天然制冷剂，同样也需要开展类似的工作，尤其是在防止泄漏和提高安全性方面。这些类型的制冷剂只能用于为特定用途而设计的系统，因此必须在特定系统中实施。天然和低全球升温潜能值的合成制冷剂在服务行业发挥着关键作用。AREA已经研究了其在某些领域（如超市和储存）中使用的技术问题，但在运输制冷等其他领域还需要开展类似的研究。

在最近的一项调查中，AREA发现，在欧盟获得处理氟化气体（F-Gas）认证的人员中，根据制冷剂的不同，只有3.5%~7%的人接受过低全球升温潜能值替代品的培训（图4-3）。在欧盟修订含氟温室气体法规生效六余年后，随着AREA逐步减少氢氟碳化合物，如此低的培训比例为AREA呼吁对制冷剂替代品进行强制性认证提供了有力支持。

氨	二氧化碳	碳氢制冷剂（小型）	碳氢制冷剂（大型）	氢氟烯烃制冷剂
7%	6.9%	6.2%	5.3%	3.5%

图4-3　含氟温室气体认证人员接受替代品培训的比例

资料来源：欧洲空调和制冷协会，2021年。

一个简单的解决方案是将欧盟现有的强制性含氟温室气体认证计划进一步扩展，将低全球升温潜能值的替代制冷剂使用也纳入其中。这将确保在含有这些物质的工厂进行安装、修理、维护、气体回收和泄漏检测的操作人员能够获得认证培训的证明。此举将为大量运营商提供必要的支持，确保获得安全、高效、可靠的处理设备操作技术，保证低全球升温潜能值的替代制冷剂的使用。为此，AREA 编制了关于培训的具体建议，包括其最低要求，以增加服务部门在为年轻人提供高质量工作方面的吸引力，并在该部门实现更广泛的性别平衡。

在 AREA 成员国覆盖的 18 个欧盟国家中，制冷、空调和热泵行业共有大约 34.5 万人获得了含氟气体认证。如果把英国包括在内，这一数字将增加到 39.7 万，如果把挪威和土耳其包括在内，这一数字将超过 43.3 万。大约 85% 的认证属于第一类（最全面的一类，包括泄漏检查、制冷剂回收、安装、维护和服务）。此外，在 AREA 成员国覆盖的 18 个欧盟国家中，有 11.65 万家公司获得了含氟气体认证（如果包括英国，则增加到 12.5 万家公司）。

——Marco Buoni，欧洲空调和制冷协会（AREA）主席

①AREA 代表来自欧盟的 18 个国家以及英国、挪威和土耳其等 25 个国家协会的承包商。

资料来源：联合国工业发展组织。

虽然大多数成熟的设备供应商都设立了服务中心来保证第一年的设备维护，并为其客户提供培训，但这还远远不够。为此，有必要快速评估并加强当前可持续技术所需的技能和培训供应，并通过与行业和技术开发人员接触，来了解潜在的未来技能要求。在维护过程中，制冷剂气体需要适当回收，并有可能进一步循环利用，以避免产生新的原始气体。然而，由于缺乏动力和经营自给自足的商业模式所需的规模，这一方法的应用有限，特别是在发展中国家。在制定冷链的综合政策方针中，这可能是一个需要考虑的重要因素。

随着发达国家实施的设备标准日益严格，发展中国家或将成为不可持续设备的倾销地，这些设备能效低，含有破坏臭氧层或温室气体的制冷剂。这些设备可能包括新产品和二手产品，它们由于未达到最低规定和标准而无法在生产国销售。如果没有适当的设备法规和标准以及强有力的监测和执法来阻止非法进口，发展中国家可能在今后 15～20 年内无法摆脱过时和低于标准的技术。例如，2004—2014 年，加纳进口的冰箱有 75% 是二手冰箱（绿色制冷倡议，2020）。

非法交易假冒制冷剂和非配额氢氟碳化物

假冒制冷剂是一个长期存在的问题，这个问题是从 1987 年出现的，彼时《蒙特利尔议定书》明确了将要淘汰消耗臭氧层的制冷剂。在《基加利修正案》和欧盟的含氟温室气体法规等措施的限制下，这一问题得到了解决。随着欧洲氢氟碳化合物配额供应的减少和价格的上涨，非配额氢氟碳化合物制冷剂的非法贸易逐渐成为一个亟待解决的问题。2020 年，环境调查署开展了一次地下行动，揭露了非法贸易方式以及参与此类活动的公司和个人。此次行动累计获查了 17.5 吨疑似非配额的氢氟碳化物制冷剂，这些制冷剂对全球变暖的影响与 31 255 吨二氧化碳相当（美国能源信息管理局，2021）。

随着全球继续根据《基加利修正案》逐步减少使用氢氟碳化合物制冷剂，迫切需要加强目前的监测和执法系统，并提高全球执法能力。想要实现这些目的，可以通过对冷却设备制定更严格的制冷剂法规来支持，从而减少对氢氟碳化物制冷剂的需求（美国能源信息管理局，2021）。

发展中国家缺乏可靠的能源供应

2020 年，有 7.89 亿人的家中或社区用不上电，其中农村人口约占 85％（国际能源署等，2020）。这种局面限制了制冷技术的使用。由于缺乏电力供应，再加上高昂的电价，许多农村的制冷服务通常依赖于昂贵的化石燃料，这对气候和环境都有严重影响。不可靠的能源供应也限制了一些可持续制冷技术在发展中国家的可行性。例如，二氧化碳制冷系统在停电期间更容易完全停止运行（Merrett，2020）。

为应对这些挑战，一些公司正在开发使用可再生能源冷链技术的替代品，如尼日利亚的 ColdHubs 太阳能冷藏室（插文 4 - 22）、肯尼亚的阿迪力太阳能中心（插文 4 - 23）和无电蒸发冷却系统（插文 4 - 24）。

➡ 插文 4-22 ColdHubs：太阳能冷藏室

　　ColdHubs 有限公司是一家社会企业，在农场集群、农产品聚集中心和户外食品市场设计、建造、租赁和运营太阳能冷藏室。小农户、零售商和批发商使用这些中心来储存和保存新鲜水果、蔬菜和其他易腐食品。每个 ColdHub 包括一个冷藏室，可以容纳大约 3 吨易腐食品，这些食品被放置在 150 个 20 千克重的塑料板条箱中，堆放在地板上。除了传授技术外，ColdHubs 还通过使用当地语言的教育漫画，组织和传授各种食品供应链参与者在收获后管理易腐食品方面的综合技能和知识。

©iStock

　　目前，ColdHubs 在尼日利亚南部和北部地区的 38 个农场、聚集中心和市场安装了 54 个冷藏室，为大约 5 250 名农民、零售商和批发商提供服务。用户每天只需支付 100 尼日利亚奈拉 (0.26 美元) 就可以在冷藏室里存放一个 20 千克的可回收塑料板条箱，这是一种独特的按储付费服务 (CaaS) 概念。

　　2020 年，ColdHubs54 个冷却中心成功保存了 42 024 吨易变质的食物。这些中心使参与的小农户、零售商和批发商的家庭收入增加了 50%，收入从以前每月 60 美元增加到 120 美元，挽回了从前 50% 的粮食损失。这些中心还招聘和培训女性在市场和农场集群中担任中心经营者和市场管理者，创造了 66 个新的女性就业岗位。

资料来源：N. Ikegwuonu，ColdHubs，个人通信，2021 年 8 月。

➡ 插文 4-23 肯尼亚冷链升级：为渔业社区提供能源和水并改善收入

　　肯尼亚阿迪力太阳能中心一直在帮助无法获得清洁水、清洁能源、资金和技术的小型渔业社区建立从源头到市场的鱼类冷链。在阿迪力太阳能中心的支持下，肯尼亚图卡纳县的 Longech 公司安装了一个冷链设施中心[①]，包括一个水处理装置、一个用于在加工前和运输过程中冷冻鱼类的冰片机、在运输到城市市场之前的鱼类冷藏室，以及一个在运行过程中进行数据采集、控制和监测的系统。该系统由离网太阳能微型电网清洁能源系统供电。

因此，渔业社区可以通过出售鲜鱼而不是鱼干来增加收入（销售鱼干会导致损失一半以上的鱼的价值，并产生腌制和干燥保存的额外成本）。该社区还通过从该设施获得清洁饮用水而受益，而城市市场也可以通过该设施购买更加卫生的鲜鱼。

①虽然该模型令人兴奋，但阿迪力太阳能中心目前在其冷藏室中使用 R-404A，其全球升温潜能值高达 3 920。

资料来源：粮农组织。

> **⊃ 插文 4-24　蒸发冷却系统：将制冷与电力分离**

蒸发器是一种低成本、无需用电的移动制冷装置，使用蒸发冷却来保持易腐产品的低温。蒸发器采用 PhaseTek™ 专利膜技术，实现并增强蒸发冷却。当内部蓄水池充满水时，该技术就会被激活。然后，装置的壁开始通过蒸发冷却从装置的内部抽出热量。蒸发冷却系统在气候炎热、干燥的地区特别有效，运行成本相对低廉，是传统的主动冷却系统的良好替代品。

资料来源：环境署。

道路基础设施薄弱，制约了冷链的连通性

在许多发展中国家，道路不畅阻碍了农业生产区与市场之间的连接。交通基础设施不足导致运输时间延长、农产品损坏风险增加、负荷转移以及冷却设备损坏风险增加（德国国际合作机构，2016）。作为基础设施规划的一部分，发展中国家还应规划充电基础设施，以支持电气化运输。目前，即使在发达国家，也没有足够的基础设施来支持电动交通，对无线充电等关键物流创新的试验也很有限。

发达国家和发展中国家均缺乏示范项目

示范项目可以展示技术上的可行性、财务上的可行性和安全稳定性。它们可以通过真实可感的市场测试和验证，来展示新兴技术以及融资和商业模式的影响。然而，许多国家在很大程度上都缺乏此类项目①。

---

① 英国首个轻型商用货车无线充电技术试验在爱丁堡启动（福特，2021）。

4.3 其他考虑因素

除了了解可持续食品冷链的驱动因素和障碍外，还需要考虑一些其他因素。下文将对此进行讨论。

从本地化角度出发

在了解当前和未来的食品冷链需求和要求时，从本地化的角度出发考虑问题至关重要。没有放之四海而皆准的解决方案。不同的技术、市场和监管系统将决定各国必须遵循的冷链发展路径。例如，人们的饮食和购买习惯会直接影响一个地区发展冷链的类型和能力。同样，阻碍冷链可持续发展的障碍也因地区而异。

在技术方面，发达国家有能力和资源通过升级现有系统和采用环境友好型技术，改善其食品冷链，以应对经济去碳化的迫切需要。相比之下，一些发展中国家可能会继续使用传统的（成本较低但对气候影响较大的）冷却技术来改善其食品冷链，因为他们认为更有必要等待更可持续系统的进一步发展或成本的进一步降低，或等待当地的安装和维护能力进一步提升。在这样做的过程中，他们会面临采用短期解决方案的风险，并处于技术锁定状态，从长远来看会造成严重的环境、社会和经济后果。

例如，当前安装的制冷设备可能会在未来 10 年或更长的时间内继续使用，这就导致食品冷链的某些部门会长期锁定这些设备。对制冷和隔热部件进行定期翻新往往会使旧技术长期存在，除非市场供应或法规要求进行强制改变。如果没有发达国家的技术和知识转让，这一挑战将长期存在，必须尽快加以解决。一项研究表明，使发展中国家的食品冷链达到与发达国家相同的设备和性能水平，将使与全球冷链相关的总体碳足迹减少 47％以上（包括当前冷链设备产生的排放和因缺乏冷藏造成的食品损失等相关的排放）（国际制冷学会，2021）。

激励行业和多样化的融资与商业模式

为了加快向可持续食品冷链过渡，需要激励行业在面临财政、运营和基础设施挑战的情况下，扩大可持续解决方案和技术以及服务的规模，使其在更适合各国的同时在各国之间也有所区别[①]。还需要行业的长期参与，以帮助发展

---

① 例如，丹佛斯目前正在开发一种易于维护和安装的捆绑式即插即用解决方案。当现场有电（太阳能电池板）或通过电网供电时，制冷装置会启动制冷，而冰库则可以覆盖没有电的时间。

中国家建立必要的服务、技能和能力，以采用、操作和维护新技术，并为市场吸纳这些技术做出更好的准备，最终升级为先进的可持续解决方案，并能够充分获得经济、社会和环境效益。为此，设备法规和标准应与技术进步保持一致，以便将可持续技术推向市场。

同样重要的是，要开发和实施如服务化一样以创造和分享价值为目的的金融与商业模式，来提高人们对可负担性和可行性的认识。

改进商业案例

同样，应确定和量化提供可持续冷链解决方案的经济、社会和环境效益，以支持对可持续冷链的投资。例如，营养不良会大大加剧儿童死亡率（占全球儿童死亡率的一半以上），这反过来又会减少劳动力，影响国家生产力，对经济造成影响（联合国儿童基金会，2021；Uribe 和 Ashing，2021）。量化可持续冷链的益处需要对当前食品冷链的影响进行基准测试。

培养技能和能力

特别是在发展中国家，市场采用可持续冷却解决方案的物质障碍意味着冷却行业在创新适合当地情况并迅速扩大规模的解决方案方面进展缓慢。与发达国家相比，发展中国家较少受制于过时的中间技术，因此应尽可能采用更先进的可持续解决方案。为了释放这一机遇  并推动行业参与，发展中国家应着眼于所需的技能和能力的提升，以确保能够正确安装和维修技术复杂的、数据联网的、使用全球升温潜能值较低或零的制冷剂的设备，同时在短期内采取行动，降低冷却负荷、设备的能源需求以及其市场中制冷剂的全球升温潜能值。

专家指导和国家、南南、区域、全球协调

要想助力发展中国家的利益相关者制定适当的政策、进行能力建设和发展商业模式；吸引捐助者的支持和私营部门的援助；孵化冷链发展并监督其实施等方面作出促进作用，就需要在全球层面与专家密切协调以促进知识交流，将现有的成功实践本土化以适应其他地区的复杂情况，实现关键概念的标准化，并为可持续冷链发展制定可衡量的目标。

例如，在国家层面，印度于 2012 年 2 月成立了国家冷链发展中心（NCCD），以促进和推动可持续冷链各项事务的发展，并就与可持续冷链发展

相关的问题与其他国际组织和全球专家进行交流。此后，国家冷链发展中心在转变印度冷链发展战略方面发挥了关键作用，使其采用了更加全面的系统方法。

在区域层面，最近启动的非洲可持续冷却和冷链卓越中心（ACES）致力于开发和加快应用可持续冷链解决方案，以增强农民的经济能力，增加出口收入，增加农村就业机会，改善社区的气候适应能力和复原力，减少气候和环境影响，促进低碳发展（插文4-25）。

在全球层面，制冷联盟秘书处正在协调各项举措和专家，以促进区域间最佳实践知识的交流和转让，支持标准方法和工具的开发，并为可持续冷链发展制定总体目标。通过其政治宣传，制冷联盟将以上举措列入国际政策议程（插文4-26）。

> **⊃ 插文 4 - 25　非洲可持续冷却和冷链卓越中心（ACES）**
>
> 非洲可持续冷却和冷链卓越中心（ACES）是一个由政府、学术界、工业界、社区和非政府组织组成的区域合作组织，旨在加速将可持续解决方案推向市场，同时解决两个紧迫且相互关联的全球发展挑战：粮食损失、获得可持续冷链和冷却。ACES于2020年由英国和卢旺达政府、可持续制冷中心、联合国环境规划署联合效率组织、卢旺达大学以及包括伯明翰大学、伦敦南岸大学、可持续公路货运中心和克兰菲尔德大学在内的英国学术合作伙伴共同成立。
>
> ACES的一个关键目标是为行业提供合适的环境、销售渠道、客户融资模式，并为新技术的开发、演示和营销、安装和维护提供支持。除了在市场上展示和验证制冷和冷链技术外，ACES还将帮助提高售后能力、开发技术经济商业模式、建立融资机制（包括气候融资）和制定政策，并通过研究、教学和培训项目提升这些能力。该中心将作为非洲各地"生活实验室"网络的枢纽，实施和展示现有的解决方案；其第一个项目正在肯尼亚开发。
>
>
>
> 资料来源：环境署和 Toby Peters 教授。

➡ 插文 4-26 制冷联盟：使冷链的系统方法成为新规范

制冷联盟是一个全球多方利益相关者网络，将来自政府、城市、国际组织、企业、金融、学术界和民间社会团体的 120 多个合作伙伴联系在一起，促进知识交流、宣传和联合行动，以实现全球高效、气候友好型冷链转型目标。为全面满足日益增长的冷链需求，并保证在可持续发展目标的背景下提高气候目标，包括 26 个国家在内的制冷联盟成员已在科学、政策、金融和技术等方面开展合作，并同时补充《蒙特利尔议定书基加利修正案》和《巴黎气候协定》的目标。

2019 年，该联盟成为联合国秘书长执行办公室在纽约联合国气候行动峰会上提出的正式成果和"转型倡议"之一。2021 年，联盟集体动员，以确保可持续冷链这一议题确定被纳入联合国粮食系统峰会的相关议程中，并基于本报告的初步调查结果，向政策制定者呈报了一份简报。

©shutterstock

制冷联盟的集体行动促成了气候与清洁空气联盟（CCAC）、联合国环境规划署、粮农组织和意大利政府之间建立新的伙伴关系，通过共享宣传和知识开发，促进可持续冷链行动。共同的宣传努力确保了将社区制冷中心作为变革性解决方案纳入峰会议题，并于 2021 年 9 月组织了关于可持续冷链和《罗马宣言：提供高效的臭氧和气候友好型冷链以确保人人享有营养和健康食物》的全球独立对话。这次会议向峰会与会者展示了可持续冷链在落实可持续发展目标方面的关键作用，并阐明了《蒙特利尔议定书基加利修正案》和《罗马宣言》如何有助于推广技术和政策解决方案。

在这些工作的基础上，联盟继续努力在能源问题高级别对话、《蒙特利尔议定书》缔约方第 33 次会议和 2021 年联合国气候变化会议（COP26）期间进行动员。

资料来源：环境署制冷联盟。

4.4 系统级思维和需求驱动的综合方法

如今，针对食品冷链的系统方法通常侧重于与同时存在的能源服务需求相结合的单个干预措施，例如回收废热用于建筑空间供暖的超市制冷系统（用于产品）。其他采用系统思维的小规模尝试包括印度的 Impagro 农业解决方案，该方案制定了一个框架，其中包括作物进入农场级冷链前期、中期和后期应采取的实际步骤（插文 4-27）。然而，从长远看，有必要采取更加全面的系统

> **插文 4-27 因帕格罗（Impagro）农业解决方案：系统方法**
>
> 因帕格罗（Impagro）农业解决方案是一家为印度农业提供供应链解决方案的公司，该公司采用系统方法来了解阻碍农民、合作社、生产组织和农业综合企业大规模采用和使用分散式冷链技术的障碍。该公司制定了一个框架，其中确定了在作物进入农场一级冷链的前期、中期和后期应采取的行动。其目的是利用该框架开发可持续的商业模式，以运营配备可持续冷却技术供应链的"第一英里"。
>
> | 前期 | 中期 | 后期 |
> |---|---|---|
>
> **前期**
>
> 集群式发展——重要的是要与集散中心构成很强的后向整合，以提供持续的作物流。实现这一目标的一种方法是整合苗圃服务，为农民集群生产幼苗，以确保作物品种和规格的一致性。
>
> 实时作物数据管理——访问本地作物实时生产数据对于帮助规划营销周期和优化配备分散式冷却解决方案的农场级集散中心的吞吐量至关重要。这些数据还将有助于提供农作物咨询，以确保优质生产和科学管理收获周期。
>
> 附加值——为了最大限度地提高收获作物的价格，必须按照市场规范义务性对作物进行清洗、分类和分级。由操作分散冷却解决方案产生的额外成本，可以通过买家支付的额外溢价收回。
>
> **中期**
>
> 资产管理——需要确保冷却装置的适当温度和湿度管理，以达到延长作物保质期和提高商品价值的预期结果。随着农村地区移动数据连接的增加，现在可以将物联网设备和云计算软件集成在一起，对制冷机组的能量、温度和湿度参数进行实时远程监控。
>
> 备件和维护——大多数分散的冷却解决方案往往部署在不容易到达的农村地区。任何系统故障或维护都可能导致储存在冷却装置中的作物中断冷却并造成损失。建议冷却装置的备件采用"即插即用"的方式设计，以确保所有故障和维护的快速响应。
>
> 售后支持——服务工程师可能很难到达部署分散式制冷解决方案的现场，以提供及时的支持。因此，建议建立一个随需应变的远程支持系统，为操作人员提供用户培训和指导。
>
> **后期**
>
> 库存管理——除了要求冷却以减少易腐作物的损失外，更重要的是要遵循适当的库存管理原则。使用数字库存和订单管理系统可以帮助简化操作，并确保以先进先出的方式管理库存。
>
> 嵌入式物流——为分散式冷却装置的操作人员维护内部物流可能并不总是可行的。建议分散式制冷装置通过第三方物流提供商提供嵌入式物流，以确保以较低的成本将订单无缝交付给买家。
>
> 嵌入式金融——种植易腐作物的农民倾向于尽早摆脱所有权风险，因此寻求最具流动性的市场。无论分散式制冷设备的所有者是经营交易模式还是按储付费模式，拥有嵌入式金融设施将有助于运营商管理现金流并及时向农民付款。
>
> 资料来源：A. S. Khan，因帕格罗农业解决方案公司，个人通信，2021年8月。

方法，即通过政策、技术、能力和资金促进从农场到餐桌的冷链连接，以应对根据气候和发展目标提供冷却和冷链的挑战，并以最有效的方式去除阻碍因素。

©iStock

以需求为导向的全系统方法

全系统、可持续的冷链设计首先要评估端到端冷链需求，同时进行气候、人口、社会经济统计、基础设施和行业绘图，并对现有和新兴技术、政策、目标、指标、承诺和倡议进行审核。这需要在关键领域进行新的思考，即如何使用、制造、储存、移动、管理、资助和调节冷藏，以通过食品冷藏链满足当前和未来的需求，并在考虑可用能源和热能资源、排放目标和其他承诺以及成本的情况下确定干预领域（图4-4）。

图4-4 可持续冷链设计的系统方法
资料来源：Toby Peters 教授和 Leyla Sayin 博士。

印度是最早考虑采用以需求为导向的全系统冷链方法的发展中国家之一，该方法主要通过国家冷链发展中心进行推广。经国家内阁批准，国家冷链发展中心于2012年2月成立，是一个推动和促进印度冷链发展的自治机构（插文4-28）。

➡ 插文 4-28 印度国家冷链发展中心：推广系统方法

2008 年，印度农业部下属的一个冷链发展工作组建议设立一个专门机构来推动和促进该国的冷链发展。2012 年 2 月，国家冷链发展中心（NCCD）作为一个自主的公私合作机构开始运作。国家冷链发展中心的主要目标是建议、评估、协调、开展、促进和推动与冷链发展相关的多个方面。这些方面包括基础设施标准和协议，收获后管理，最佳做法、流程和服务的协调，潜在投资者指南，信息系统和技术，研究和人力资源开发，教育和提高认识，多式联运系统，以及适当的政策框架。

此后，NCCD 在改变印度冷链发展方式方面发挥了关键作用。在此之前，政府的战略主要侧重于扩大冷藏投资，但 NCCD 强烈建议采用更加全面的系统方法，同时强调对预冷、冷藏运输和零售的投资。因此，对冷库的预算拨款进行了修订，并纳入了多个新的组成部分，如促进卓越运营、能源效率、替代技术和现代化。政府补贴被设计成一种激励机制，而不是资金补助。

NCCD 指导印度从 2013 年开始进行首次冷藏基线调查，并于 2015 年开展了印度有史以来首次冷链基础设施整体评估。评估结果表明，印度的冷藏设施比例已经很高，约占所需能力的 90%，但相关的供应链能力却没有得到满足。例如，现代包装仓库短缺 99%，冷藏运输短缺 85%。这表明，农村的生产能力没有通过冷链与市场建立适当的联系，冷藏库也无法为国内生产提供服务。因此，易腐食品的生产没有充分发挥其潜力。通过缩小这些差距，印度可以将各种产品的年处理能力提高到约 1.8 亿吨。

这些评估是对印度从盲目投资冷藏能力向投资端到端冷链转变的补充——这一转变是由国家冷链发展中心发起的，它将实现从源头到目的地的无缝连接。开发的数字平台显示了近 7 000 个冷库的位置和容量，总容量达 3 200 万吨。从 2014 年开始，在为期 3 年的时间里，国家冷链发展中心还运行了一个免费呼叫中心，以了解国内冷藏车运营商面临的道路挑战，从而提供必要的政策支持。与此同时，NCCD 还制定了指导未来冷链基础设施发展的最低系统标准，并规范了政府机构使用印度冷链基础设施补贴的流程。

©iStock

国家冷链发展中心还建议在税法中纳入激励使用冷链能力的重要内容，例如对为农产品提供的各种冷链服务免征商品和服务税。它还开始建立行业合作伙伴关系，以提高对政府计划的认识（尤其是在小城镇），并为冷链用户实施培训计划。2016 年，政府对 NCCD 为传播冷链知识而提供的服务免税。也是在这一年，国家冷链发展中心完成了一项关于糯米冷链的试点研究，以确定冷链在减少温室气体排放、减少粮食损失和提高农民收入方面的积极影响（插文 2-3）。为推动全面发展，NCCD 为政府官员提供了有关冷链的能力建设课程。NCCD 很快被印度政府各部门和私营部门视为冷链方面的中心机构。

NCCD 由行业专家领导，印度政府不承担任何费用，其工作人员全部来自私营部门，是公私合作的独特典范。该机构的利益相关者成员包括冷链运营商、物流服务供应商、货物装卸商、设备制造商、包装供应商、农民团体、基础设施开发商、太阳能和其他替代技术供应商、教育和研究机构、邦政府部门、行业商会和个人。NCCD 的跨职能性质被战略性地用于加强冷链对整个系统的影响，并打破长达十年之久的神话。最重要的是，它帮助利益相关者采用了一种系统方法，有助于实现冷链行业的可持续发展目标。作为冷链领域的伞式机构，NCCD 代表印度参加了各种全球论坛，并帮助政府在该领域开展国际合作。其他国家可以借鉴印度 NCCD 的做法，以适应本国实际，并鼓励冷链行业推动实现可持续发展的未来。

资料来源：P. Kohli，个人通信，2021 年 8 月。

整个系统方法考虑了系统内的所有驱动因素和反馈回路。其目的是：

通过改变行为（例如，避免因不必要的原因而延迟关闭冷藏空间的门，以及在清晨温度较低时采摘）和使用被动冷却技术和方法[1]（例如，利用遮阳、食品包装、涂层和处理保鲜），减少对机械冷却的需求，从而最大限度地减少食品冷链设备的温室气体排放[2]；

利用天然、可再生和废弃热能资源（如地表水体、地下蓄水层、液化天然气再气化产生的工业废弃冷却水，以及用制冷系统的废热回收来满足热水和其他供暖需求）；

使用节能技术，避免使用全球升温潜能值高的制冷剂；

在设计、制造、部署、运行和报废时，采用生命周期分析和循环经济

---

① 与连接到能源的主动冷却系统相反，被动冷却系统使用存储的能量。

② 例如，在伦敦，将所有冷藏车车身涂成白色或银色，可使冷藏运输车队的年二氧化碳排放总量减少 1.3%（Cenex，2017）。

方法；

平衡食品冷链的扩展和发展、相关食品损失和浪费的减少，以及其他环境、社会和经济效益；

使所有人都能获得与可持续发展目标有关的利益。

减少—转变—改进—综合

通过"减少-转变-改进"的方法，并加入"综合"干预，可以提供适合市场的可持续冷链解决方案的最佳组合——涉及行为改变、技术、服务/技能、政策、商业模式和金融（图4-5）。概括地说，这包括减少制冷需求，摒弃不可持续和有负面影响的做法，通过使用更好的技术和提高效率来进行改进，以及汇总需求以优化系统性能。这种方法既能支持早期成功，也能支持对实现可持续冷链系统至关重要的深层次系统性变革。

 通过行为改变和被动的技术和方法来减少需求。

 过渡到不使用高全球升温潜能值的制冷剂；整合自然、可再生、废物资源和热能储存。

 使用节能技术；定期维护和监控系统效率。

 聚合冷却和冷链需求，以优化系统性能和资源使用；能源聚焦与热共生。

图4-5 减少—转变—改进—综合
资料来源：环境署制冷联盟。

释放增值机会

一个端到端的系统方法要求全面了解食品冷链和更广泛的食品系统的全部要素（从食品生产和预处理活动，到包装、加工、分销和消费模式）是如何相互关联的，以及它们对社会、经济、环境和能源系统的综合影响。整合这些不同要素的需求可以促进释放许多增值机会。

　　例如，通过系统方法，农业食品链（如加工和包装）中产生的、通常被忽视的废弃元素可以被用于其他有收益的用途。根据所产生废弃物的类型，副产品也会有所不同。它们可以是最基本的蚯蚓堆肥，用作有机肥料和田地覆盖物，也可以加工成有机染料、饲料强化剂、建筑材料、沼气能源等。因物理损伤或碰伤而被淘汰的食用农产品可用作乡村或农舍一级微型工业的原料，或加工成腌菜、果汁等。此外，将冷链包装车间在分拣和修剪过程中产生的有机废弃物作为可生物降解的材料用于包装等用途还在进行创新研究。因此，冷链不仅可以将预处理过的农产品分发给消费者，而且可以成为变废为宝的源点，支持并改善乡村社区的生计。

数字孪生

　　发展可持续食品冷链是一项多层面、跨部门的挑战。它要求解决经济、环境、能源、技术、社会和政治系统之间存在的许多相互依存的关系，并制定和实施相关政策来解决这些问题。由于冷链是一个由多种相互依存关系和反馈回路构成的复杂系统，因此很难在现实世界中对其进行评估，也不可能实施大规模的对照实验。这就意味着，现实世界中的干预措施通常是长期小干预措施的集合，当小变化的影响通过系统级联并遇到其他级联变化时，不可避免地会产生意想不到的后果。

　　出于这些原因，在现实世界中测试之前，建立"数字孪生"（或实时数字对应物）来分析各种冷链方案（如技术、物流和政策干预）将会降低风险和成本。利用基于自组织机构的模型开发的虚拟世界，可以克服现有的一些挑战，并降低有关风险。

　　基于自组织机构的模型假设了一种自下而上的方法，在这种方法中，系统各组成部分之间的相互作用不是预先确定的。相反，可以自由地进行实验和选择，这些实验和选择共同决定了系统的总体特征，然后所有机构都会对这些特征做出反应。因此，模型是沿着机构选择决定的路径而不是由情景预设的方向演化的。在短时间内运行数千个变量，利用这些模型可以确定对整个系统具有最大益处的干预措施，并加快有益变革的实施。

　　数字孪生的使用应成为可持续食品冷链设计的核心特征。例如，可持续公路货运中心开发了一个基于标准物流和能源代理机构的模型，该模型以给定的物流需求为基础，允许代理机构自主决策，以提高其绩效。该模型可以自我组织，为给定的冷链方案开发稳健高效的物流操作。通过该模型，可以进行稳健的实验设计，对现实世界进行丰富的模型描述，并对解决方案的敏感性进行分析（可持续道路货运中心，2021）。

向前迈进

随着人们对可持续食品冷链的兴趣与日俱增，迫切需要促进发达国家和发展中国家政府、私营部门、学术界和国际组织之间的合作，以激励和加速市场创新和市场转型。这可以通过以下政策措施来实现：一是通过公共和私人融资支持技术和商业模式的创新；二是提高政府、企业和冷链终端用户对制冷问题的认知；三是培养所需的成熟劳动力，以促进新技术在发展中国家的部署、运行和维护（以及防止假冒制冷剂和部件）。发达国家还需要实施维修部门能力建设和相关技能的动态提升，以满足快速发展的可持续冷却技术和快速变化的业务需求。

虽然越来越多的人认识到，端到端系统级方法对于提供可持续的食品冷链以及有效地消除阻碍成功的因素是必要的，但在现实世界中很难成功实施。这种方法需要多个利益相关者的合作，并包含许多相互依存关系，因此目前的应用还很有限。本报告中介绍的大多数案例研究都是良好实践，旨在解决食品冷链系统中的个别问题，并能实现快速渐进的成功。收录这些案例是为了在食品冷链的短期和中期发展阶段激励利益相关者。不过，从长远来看，实现可持续食品冷链需要我们转变冷链发展方式，从线性发展转变为循环发展，充分理解整个系统中相互关联的动态关系和反馈循环，这也是我们在建议中强调的一点。

5 建 议

各国政府应与行业及其他利益相关方合作，对现有食品冷链的能源使用和温室气体排放进行量化并制定衡量基准，找出数据缺口并做出预测，从而找到减排的可能性。

当前食品冷链设备及相关能源的使用和温室气体排放数据十分有限。此外，预测得出的数据并不可靠。因为预测数据通常是对历史趋势进行分析，并没有考虑到当前尚未满足的需求以及未来几十年的冷链需求和供应等因素。制定排放基准、进行以需求为基础的可靠情景预测、找到可能减少冷链能源使用和排放的关键点，对于成功制定符合气候目标的可持续食品冷链路线图和确认优先事项至关重要。

各国政府和其他冷链开发商在冷链供应上应采取全面系统的方法，认识到仅靠制冷技术不足以形成完整有效的冷链。

目前，冷链的"系统方法"主要还是依赖单独的制冷方案。然而，虽然制冷是冷链的必要一环，但仅靠冷却不足以让冷链服务更富效率和效果。全面系统的方法包含从源头到消费端的各种活动，需要对超越制冷技术的范畴有更深入的理解，且能够应对长期挑战，在实现更广泛的气候目标和其他发展目标的同时，从冷链服务中获益。

全面系统的方法要求对冷藏供应链全链条的成效进行评价，包括保持食品数量、质量以及营养价值，确保食品安全和防止浪费等。还要求通过细分冷链上的每项活动来评估能源负荷和对环境的总体影响，不仅仅是制冷，还包括包装、分类和分级等环节，以及库存、资产管理、流动性和废物管理等，所有这些都需要从能源和资源利用的角度予以考虑。

只有采用系统的方法才能完全理解食品冷链的有益影响。全面的理解有助于制定更好的解决方案，以最有效和最快捷的方式解决系统性障碍，通过了解需求和扩大市场来不断优化产能，从而将能源管理与协同用途和其他增值服务相结合。可以通过以下方式实现这一目标：

①了解并量化当前对于制冷的需求、现有的冷链能力和未来的需求，以及相关的能源需求和对自然资源的影响。还应考虑将卫生和热舒适性等其他部门

的需求与食品冷链需求相结合的可能性。

②了解当前使用的或容易掌握并取得的制冷技术和制冷剂。

③通过整合被动辐射冷却技术和方法（如食品涂层、处理和包装），以及使用行为的转变，最大限度地减少对机械冷却的需求。

④充分利用现有的自然热资源和废热资源。

⑤通过整合热能存储系统优化能源利用。

⑥利用和发挥各系统之间的协同作用，建立协同的韧性关系。

⑦了解各系统以及更广泛的基础设施之间的相互依存关系并就此进行设计，提前规划意料之外的后果，确保整体的可持续性。

⑧了解为实现可持续冷链而采取关键干预措施所需的政策措施、融资机制和技能。

⑨了解政策、法规、技术和产业实践中的瓶颈，这些瓶颈制约了各部门冷链能力的协同和优化部署。

⑩了解并量化冷链服务是如何通过扩大市场和提高经济收益，来直接赋能代表性不足的小农户和生产者（包括女性农民）。

⑪了解冷链如何从日益枯竭的农业（土地、淡水、海洋）资源中获取收益，并量化这些收益的价值。

⑫对食品冷链中引入的新技术、制冷剂和可再生能源进行全面的成本效益分析（包括环境、社会、经济、财政和性别等方面）。

⑬对冷链的生态足迹进行模块风险分析，包括能源需求、污染影响、生产率提高、生计可持续性等。

⑭创建一个模板，对冷链能力达成的可量化成果和生产力提出建议，以便能够在未来的冷链发展中对以上各方面进行标准化和方便的监测。

各国政府和其他冷链开发商应进行冷链需求评估，制定《国家制冷行动计划》，为建立全面可持续的冷链基础设施提供基本方向，使各部门的冷链方案合理化。

需求评估是高效设计可持续和适应性强的冷链系统的必要第一步。这有助于全面评估建筑物、城市、农业和卫生领域的制冷需求，明确满足这些需求的政策、技术和财政措施。冷链评估还应包括有关性别的分类数据，而现有研究中这方面的数据较少。

在对需求进行评估的基础上，各国可以利用制冷联盟及其合作伙伴制定的国家制冷行动计划中的方法，制定本国的制冷行动计划。这可以作为一项重要的政策工具，用于调控制冷部门的能源效率，使得高全球升温潜能值制冷剂的使用量逐步减少，并积极应对日益增长的制冷需求，同时减少制冷对气候的影响，改善制冷的效果，并助力实现多项可持续发展目标。国家制冷行动计划还将帮助各国建立实现全面、可持续冷链所必需的跨部门和多方利益相关者的合作框架。

各国政府应实施雄心勃勃的最低能效标准，支持更有力的监测和执法，以防止非法进口设备和制冷剂。

通过标签项目和最低能效标准，政府可以将可持续技术引入市场，推动设备制造商生产能效更高、全球升温潜能值更低的设备，同时促进创新，促进消费者的消费转型，提高消费者对可持续技术影响的认识。关键是要设定与目前市场上可实现的最佳目标相一致的标签标准，而不是设定为可接受的最低能效水平，并以融资和商业模式为基础，提高可获得性和可负担性。这也将有效防止发达国家倾销过时设备。此外，应建立有力的监测和执行机制，防止非法进口设备和非配额或假冒制冷剂。

根据国家制冷行动计划，各国政府应制定确定成本和优先排序的五年计划、任务、政策和专职机构部门，并为可持续食品冷链组成部分提供财政援助和能力建设，从而实现农产品从农场到餐桌的无缝运输。

其中包括为实现可持续的冷链经济制定路线图和时间表，其中涉及制冷剂的过渡（逐步淘汰氟氯烃和逐步减少氢氟碳化合物）、减少制冷需求、提高能效标准和普及可持续制冷的目标。

各国政府应与行业和相关利益方合作，在发展中国家推广必要的冷链技术并开展能力建设，同时制定财政和商业政策，以支持行业参与和技术的大规模应用。

在面临财政、运营和基础设施挑战的情况下，有必要激励行业扩大可持续解决方案以及技术服务的规模，这些解决方案和技术服务能够更好地适应各国的不同情况。为了让行业参与到缩小技术和发展差距的行动当中来，发展中国家必须掌握能够采取、运用和维护冷链技术的必要技能。其中包括从性别差异角度开展专门的培训和教育活动，为妇女学习有关知识提供便利。有了更好的市场来充分吸收技术，各国就能直接跨越到使用更为先进的可持续解决方案，从而获得相应的经济、社会和环境效益。为此，制定并推行相应的融资和商业模式（如服务化模式等）、公平地创造和分享价值，以及破解人们关于经济负担和可行性的担忧是非常重要的。

各国政府应与行业和相关利益方合作，建立数字孪生系统，指导"因地制宜"项目在当地实施。

发展可持续食品冷链是一个多维度、涉及多部门的难题。由于冷链的复杂性，建立数字孪生系统来分析各种方案（如技术、物流和政策干预），然后再在现实世界中进行测试，能够降低风险和成本。运用数字孪生可以通过系统方法探索如何使用、制造、储存、运输、管理、资助和调节冷藏，以满足当前和未来的需求，还可以结合可用能源和热能资源、排放目标和其他承诺以及成本因素，以确定干预领域。

行业和民间社会利益相关方应在政府的支持下，开展大规模的系统示范，展示干预措施的影响以及如何共同创造可持续和适应性强的解决方案，以扩大整体规模。

大规模的系统示范非常重要。系统示范通过现实市场测试，展示间接和潜在的积极和消极后果，从而消除绩效风险，为加快部署干预措施提供基础。同时，建立宣传平台展示项目的经验做法，对在其他地区进一步推广系统大有裨益。

©iStock

© Ecozen Solutions

© New Leaf Dynamic Technologies

各国政府和其他冷链开发商应与相关机构合作，量化可持续冷链的广泛社会经济影响，评估其价值，同时考虑到贫困、弱势和边缘化的食品生产者及其所在社区，以及妇女和青少年。

如果不认真规划冷链产业的推广工作，贫困、弱势、边缘化的食品生产者及其社区，以及妇女和女童将继续面临缺乏食品冷链带来的严峻挑战，严重的不公平问题也将继续存在。为此，根据联合国可持续发展目标的具体目标，了解、量化和评估可持续食品冷链带来的更广泛的经济、社会和环境效益（在收入、经济增长、健康、性别平等方面），对于确保包容性和公平性提升非常重要。这样做还能扩大投资回报范围，改进商业案例，从而使政府干预和投资能够充分考虑包含以成果为导向的政策和战略目标（而不仅是财政目标）的标准。

各国政府应建立多学科的冷链开发中心，鼓励利益相关方建立相互合作的机制系统，就上述建议开展协作，随时了解世界范围内的新发展。此类国家级中心还可以与其他国际组织就发展可持续冷链有关的问题进行交流。

冷链涉及供应链中从产品源头到最终目的地的多个部门的活动。其中包括包装车间、冷藏库、港口、零售店等固定资产的连接，以及卡车、集装箱、船舶、铁路和航空等交通工具。同样的，它还包括各种相关技术、融资机会、政策和监管环境，这些传统上属于职能部门或政府部门的职权范围。此处的建议是，建立专门的冷链发展中心，作为冷链系统的一站式机构，在不同利益部门间采取系统的协作方式。

©非洲可持续制冷和冷链卓越中心（通过制冷联盟网站）

这种国家级中心将作为国家数据存储库，与国际社会在可持续冷链方面做出的努力相配合，鼓励所有利益相关方（政府和私营部门）采用系统性的方法。建设这类中心还将通过《罗马宣言》表明国家的适度重视，并明确议程的意图，有助于从与冷链有关的各种国际组织、机构和联盟获得相关支持。印度国家冷链发展中心的例子（插文 4 - 28）可供参考。

参考文献 REFERENCES

Afshin, A. , Sur, P. J. , Fay, K. A. , Cornaby, L. , Ferrara, G. , Salama, J. S. et al. (2019). Health effects of dietary risks in 195 countries, 1990—2017: A systematic analysis for the Global Burden of Disease Study 2017. *The Lancet* 393 (10184), 1958—1972. https://doi. org/10. 1016/S0140-6736 (19) 30041-8.

Alexandratos, N. and Bruinsma, J. (eds.) (2012). *World Agriculture Towards* 2030/2050: *The* 2012 *Revision.* Rome: Food and Agriculture Organization of the United Nations. https://www. fao. org/fileadmin/templates/esa/Global_persepctives/world_ag_2030_50_2012_rev. pdf.

Alexandratos, N. , Bruinsma, J. , Bödeker, G. , Schmidhuber, J. , Broca, S. , Shetty, P. et al. (2006). *World Agriculture: Towards* 2030/2050. *Interim Report. Prospects for Food, Nutrition, Agriculture and Major Commodity Groups.* Rome: Food and Agriculture Organization of the United Nations. https://www. fao. org/3/a0607e/a0607e00. pdf.

Apeel (2021). Food gone good. https://www. apeel. com. Accessed 1 December 2021.

Air Conditioning and Refrigeration European Association (2021). Mandatory certification on alternative refrigerants: The time is now! https://www. area-eur. be/news/mandatory-certification-alternative-refrigerants-time-now. Accessed 4 March 2022.

Asociación de Bancos deAlimentos de Colombia (2019). *Informe de Gestión: 10 años trabajando juntos.* [online] Bogotá: ABACO. Available at: https://drive. google. com/file/d/1C9FT dAfeDo4WHt_UbR58CNaHGSNp79FO/view. 1 December 2021.

Asociaciónde BancosdeAlimentos de Colombia (2020). *Informede Gestión: Bajemos juntos labandera del hambre en Colombia.* [online] Bogotá: ABACO. Available at: https://drive. google. com/file/d/1R0yPmrBbOYiGEiXN0Sok0jJ9I8NAt92R/view. 1 December 2021.

Avis, E. (2021). How the food industry handled the frozen food spike. Food Processing, 10 August. https://www. foodprocessing. com/articles/2021/frozen-food-spike. Accessed 12 October 2021.

Baker, H. and Laister, D. (2021). Ocado to fund new vertical farm near Bristol as sales leap. Business Live, 6 July. https://www. business-live. co. uk/retail-consumer/ocado-fund-new-vertical-farm-20979499. Accessed 3 September 2021.

BBC News (2019). Ocado invests £17m in "vertical" farms. 11 June. https://www. bbc. com/news/business-48592391. Accessed 3 September 2021.

78

Belsare, V. and Pandey, V. (2008). Management of heat stress in dairy cattle and buffaloes for optimum productivity. *Journal of Agrometeorology* 10，365-368. https://www. researchgate. net/ publication/278330701_Management_of_heat_stressindairy_cattle_and_buffaloes_for_optimum_productivity.

Bennett, A., Moffet, F., Khanal, S., Thapa, T. and Malakaran, S. (2015). *Technical and Investment Guidelines for Milk Cooling Centres.* Rome. http://www. fao. org/3/a-i5791e. pdf. Accessed 23 February 2022.

Best, S. (2020). Just Eat launches drone deliveries that will fly takeaway to you "in 3 minutes". *Mirror*，25 February. https://www. mirror. co. uk/tech/just-eat-launches-drone-deliveries-21580063. Accessed 3 September 2021.

Brodt, S. and Feenstra, G. (2007). Assessment of energy use and greenhouse gas emissions in the food system: A literature review. https://asi. ucdavis. edu/sites/g/files/dgvnsk5751/files/inline-files/litreview-assessmentofenergyuse. pdf. Accessed 5 September 2021.

Brosnan, T. and Sun, D.-W. (2001). Precooling techniques and applications for horticultural products—a review. *International Journal of Refrigeration* 24 (2)，154-170. https:// doi. org/10. 1016/S0140-7007 (00) 00017-7.

Business Call to Action (2021). How agritech can enable resilience in small farming communities，11 December. https://www. businesscalltoaction. org/guardian-news/how-agritech-can-enable-resilience-in-small-farming-communities. Accessed 10 December 2021.

CBREUS (2021). U. S. Industrial MarketFlash ｜ COVID-19 impact on the food industry & implications for industrial real estate. https://www. cbre. us/research-and-reports/US-MarketFlash-COVID-19-Impact-on-the-Food-Industry-Implications-for-Industrial-Real-Estate. Accessed 29 August 2021.

Cenex (2017). *Auxiliary Temperature Reduction Units in the Greater London Area.* Loughborough. https://content. tfl. gov. uk/auxiliary-temperature-reduction-units-in-the-greater-london-area. pdf.

Centre for Sustainable Road Freight (2021). Cold chain: Electrification of urban，regionaland long-haul vehicles. https://www. csrf. ac. uk/research-section/energy-systems/cold chain. Accessed 9 November 2021.

Cheshire, L. (2021). Jepco launches "Living Lettuce" in Co-op stores. Fresh Produce Journal，23 June. http://www. fruitnet. com/fpj/article/185601/jepco-launches-living-lettuce-in-co-op-stores. Accessed 3 September 2021.

Chilled Food Association (2021). FAQs. https://www. chilledfood. org/resource. Accessed 1 September 2021.

City of Buenos Aires (2011). *Informe Relevamiento sobre Supermercados en Argentina.* Buenos Aires: Secretariat of Studies and Statistics. http://www. faecys. org. ar/informe-relevamiento-sobre-supermercados-descargar.

Clean Cooling Collaborative (2021). *How Countries Can Enhance Nationally Determined*

Contributions in 2021 *with Climate-Friendly Cooling*. https://www. cleancoolingcollaborative. org/wp-content/uploads/2021/05/Enhancing-NDCs-with-climate-friendly-cooling. pdf.

Climate Transparency (2019). Country Profile: Argentina. *In Brown to Green : The G20 Transition Towards a Net-Zero Emissions Economy*. https://www. climate-transparency. org/wp-content/uploads/2019/11/B2G_2019_Argentina. pdf.

Cold Chain Federation (2021a). How route optimisation can help alleviate the challenges of cold chain distribution, 20 September. https://www. coldchainfederation. org. uk/news/how-route-optimisation-can-help-alleviate-the-challenges-of-cold-chain-distribution. Accessed 11 October 2021.

Cold Chain Federation (2021b). *Shaping the Cold Chain of the Future : The Road to Net Zero (Part Three-The Journey to Emission Free Temperature-Controlled Refrigeration on Road Vehicles*. Reading. https://www. coldchainfederation. org. uk/road-to-net-zero-part-3.

Colombian Coffee Growers Federation (FNC) (2019). *Informe de Sostenibilidad* 2015—2018 [*In Spanish*] (2019). https://federaciondecafeteros. org/app/uploads/2019/11/Informe-de-Sostenibilidad-2015—2018. pdf. Accessed 21 January 2022.

Colombian National Planning Department (2016). *Pérdiday Desperdicio deAlimentos en Colombia : Estudio dela Dirección de Seguimiento y Evaluaciónde Políticas Públicas*. Bogota. https://mrv. dnp. gov. co/Documentos%20de%20Interes/PerdidayDesperdicio_de_Alimentos_en_colombia. pdf.

Commercial Fleet (2020). Tesco delivery fleet to be fully electric by 2028, 17 November. https://www. commercialfleet. org/news/van-news/2020/11/17/tesco-delivery-fleet-to-be-fully-electric-by-2028. Accessed 3 September 2021.

Dash, S. , Chakravarty, A. K. , Singh, A. , Upadhyay, A. , Singh, M. and Yousuf, S. (2016). Effect of heat stress on reproductive performances of dairy cattle and buffaloes: A review. *Veterinary World* 9 (3), 235-244. https://dx. doi. org/10. 14202%2Fvetworld. 2016. 235-244.

Dearman (2015). *Liquid Air on the European Highway*. Croydon. https://airqualitynews. com/wp-content/uploads/2015/09/ Liquid-Air-on-the-European-Highway. pdf.

Debnath, K. B. , Wang, X. , Peters, T. , Menon, S. , Awate, S. , Patwardhan, G. et al. (2021). Rural cooling needs assessment towards designing community cooling hubs: Case studies from Maharashtra, India. *Sustainability* 13 (10), 5595, https://doi. org/10. 3390/su13105595.

Department for Environment, Food & Rural Affairs (2020). Horticulture statistics-2019. https://www. gov. uk/government/statistics/latest-horticulture-statistics. Accessed 24 June 2021.

Deutsche Gesellschaft für Internationale Zusammenarbeit (GIZ) GmbH (2016). *Promoting Food Security and Safety via Cold Chains*. Eschborn. https://www. giz. de/en/downloads/giz_2016_Food_Security_Cold_Chains. pdf.

Devidayal Solar Solutions Pvt. Ltd. (2022). Solar freezer solution for tribal women to store fruit pulp developed by Devidayal Solar Solutions Pvt. Ltd. ［photograph］. Provided by Tushar Devidayal.

DNP. Perdida y desperdicio dealimentos en Colombia: estudio dela direcciónde seguimiento y evaluaciónde políticas públicas. Bogotá, Colombia, 2016. Consultado en. https://mrv. dnp. gov. co/Documentos%de%20Interes/Perdida y Desperdicio_de_Alimentos_en_colombia. pdf.

Dumont, M.-J., Orsat, V. andRaghavan, V. (2016). 7-Reducing postharvest losses. In Madramootoo，C. （ed.）. *Emerging Technologies for Promoting Food Security.* Oxford: Woodhead Publishing. 135-156. doi:10. 101 6/B978-1-78242-335-5. 00007-X.

Economist Intelligence Unit (2019). *The Cooling Imperative: Forecasting the Size and Source of Future Cooling Demand.* http://www. eiu. com/graphics/marketing/pdf/The-CoolingImperative2019. pdf.

Eilperin, J. and Butler, D. (2021). There's an invisible climate threat seeping from grocery store freezers. Biden wants to change that. *Washington Post*, 15 February. https://www. washingtonpost. com/climate-environment/2021/02/15/these-gases-your-grocerys-freezer-are-fueling-climate-change-biden-wants-fix-that. Accessed 23 August 2021.

Eja-Ice (2022a). Eja-Ice Solar-powered freezer ［photograph］. Provided by Yusuf Bilesanmi.

Eja-Ice (2022b). Eja-Ice Solar Power Cooling Tricycle for Last Mile Delivery ［photograph］. Provided by Yusuf Bilesanmi.

Elansari, A. (2009). Design aspects in the precooling process of fresh produce. *Fresh Produce* 3 （May）, 49-57. Global Science Books.

Eley, J. and McMorrow, R. (2020). Why supermarkets are struggling to profit from the online grocery boom. *Financial Times*, 23 July. https://www. ft. com/content/b985249c-1ca1-41a8-96b5-0adcc889d57d. Accessed 31 August 2021.

Emerson (2021). *A Novel Distributed Scroll Booster Architecture for Supermarket Refrigeration-Energy and Emission data* ［graphs］. Provided by Andre Patenaude and Rajan Rajendran.

Environmental Investigation Agency (2021a). *Technical Report on Energy Efficiency in HFC-Free Supermarket Refrigeration.* London. https://eia-international. org/wp-content/uploads/Energy-efficiency-in-HFC-free-supermarket-refrigeration. pdf.

Environmental Investigation Agency (2021b). *Europe's Most Chilling Crime-The Illegal Trade in HFC Refrigerant Gases.* London. https://eia-international. org/wp-content/uploads/EIA-Report-Europes-most-chilling-crime-Spreads. pdf.

Food and Agriculture Organization ofthe United Nations (2009). *Horticultural Chain Management for Countries of Asia and the Pacific.* Rome. https://www. fao. org/3/i0782e/i0 782e00. htm. Accessed 23 February 2022.

Food and Agriculture Organization ofthe United Nations (2011). *Closing the gender gap in* *agriculture*，7 March. https：//www. fao. org/news/story/en/item/52011/icode. Accessed 8 November 2021.

Food and Agriculture Organization ofthe United Nations （2014）. *Food Wastage Footprint & Climate Change.* Rome. http：//www. fao. org/3/bb144e/bb144e. pdf.

Food and Agriculture Organization of the United Nations （2019）. *State of Food and Agriculture：Moving Forward on Food Loss and Waste Reduction.* Rome. https：//www. fao. org/3/ca6030en/ca6030en. pdf.

Food and Agriculture Organization of the United Nations （2021a）. *Global Agriculture Towards* 2050. High-level Expert Forum on how to feed the world in 2050，12-13 October 2009. https：//reliefweb. int/sites/reliefweb. int/files/resources/E6441A901ECFFDDDC125 763C0034ED32-Full_Report. pdf.

Food and Agriculture Organization of the United Nations （2021b）. *Global food trade is buoyant，as are prices，* 10 June. http：//www. fao. org/news/story/en/item/1410675/icode. Accessed 2 September 2021.

Food and Agriculture Organization ofthe United Nations （2022）. *Hunger and food insecurity.* https：//www. fao. org/hunger/en. Accessed 28 April 2022.

Food and Agriculture Organization of the United Nations and Deutsche Gesellschaft für Internationale Zusammenarbeit GmbH （2019）. *Measuring Impacts and Enabling Investments in Energy-Smart Agrifood Chains：Findings from Four Country Studies.* Rome. https：//www. fao. org/3/ca4064en/ca4064en. pdf.

Food & Drink International （2020）. *Just eat to offer drone deliveries with new partnership，* 3 March. https：//www. fdiforum. net/mag/retail-food-service/just-eat-drone-deliveries. Accessed 3 September 2021.

Ford, J. （2021）. Edinburgh starts wireless charging project，26 August. https：//www. theengineer. co. uk/EDINBURGH-WIRELESS-CHARGING-FPS. Accessed 2 February 2022.

Fortune Business Insights （2021）. *Vertical Farming Market Size，Share & Research Report* [2028]. https：//www. fortunebusinessinsights. com/industry-reports/vertical-farming-market-101958. Accessed 3 September 2021.

Future Policy （2014）. Japan's Top Runner Programme，15 December. https：//www. futurepolicy. org/climate-stability/japans-top-runner-programme. Accessed 4 November 2021.

GAVI （2021）. Ghana launches the world's largest vaccine drone delivery network，24 April. https：//www. gavi. org/news/media-room/ghana-launches-worlds-largest-vaccine-drone-delivery-network. Accessed 16 August 2021.

Global Cold Chain Alliance （2020）. Global Cold chain Capacity Report shows 17% growth，10 August. https：//www. gcca. org/resources/news-publications/blogs/global-cold-chain-capacity-report-shows-17-growth. Accessed 19 August 2021.

Global Cold Chain News （2021）. Cold chain Federation accuses government of "breaking promise" on red diesel, 27 August. https://www. globalcoldchainnews. com/cold-chain-federa-tion-accuses-government-of-breaking-promise-on-red-diesel. Accessed 11 October 2021.

Global Food Cold Chain Council (2015). *Assessing the Potential of the Cold Chain Sector to Reduce GHG Emissions Through Food Loss and Waste Reduction.* Arlington. http://www. foodcoldchain. org/wp-content/uploads/2016/07/Reducing-GHG-Emissions-with-the-Food-Cold-Chain-NOV2015. pdf.

Government of India (2018). *Agriculture Export Policy.* Delhi: Department of Commerce, Ministry of Commerce and Industry. https://apeda. gov. in/apedawebsite/Announcements/AGRI_EXPORT_POLICY. pdf.

Government of the United Kingdom (2021). Reform of red diesel and other rebated fuels entitlement, 29 November. https://www. gov. uk/government/publications/reform-of-red-diesel-entitlements/reform-of-red-diesel-and-other-rebated-fuels-entitlement. Accessed 5 September 2021.

Green Cooling Initiative (2020). The dumping menace, 16 October. https://www. green-cooling-initiative. org/about-us/our-projects/proklima/2020/10/16/the-dumping-menace. Accessed 10 Dec. 2021.

Greening, P., Piecyk, M., Palmer, A. and Dadhich, P. (2019). *Decarbonising Road Freight.* Centre for Sustainable Road Freight. https://assets. publishing. service. gov. uk/government/uploads/system/uploads/attachment_data/file/780895/decarbonising_road_freight. pdf.

Heard, B. R. and Miller, S. A. (2019). Potential changes in greenhouse gas emissions from refrigerated supply chain introduction in a developing food system. *Environmental Science and Technology* 53 (1), 251-260. https://doi. org/10. 1021/acs. est. 8b05322.

Hegnsholt, E., Unnikrishnan, S., Pollmann-Larsen, M., Askelsdottir, B. and Gerard, M. (2018). Tackling the 1. 6-billion-ton food loss and waste crisis. https://www. bcg. com/en-gb/publications/2 018/tackling-1. 6-billion-ton-food-loss-and-waste-crisis. Accessed 23 February 2022.

Institute of Refrigeration (2021). *Refrigerant Selection.* Guidance Note 37. London. https://ior. org. uk/refrigerant-selection-guide. Accessed 24 February 2022.

International Energy Agency, International Renewable Energy Agency, United Nations Sustainable Development, World Bank and World Health Organization (2020). *Tracking SDG 7: The Energy Progress Report.* Washington, DC: World Bank. https://trackingsdg7. esmap. org/data/files/download-documents/tracking_sdg72020-full_report-web_0. pdf.

International Institute of Refrigeration (2019). *The Role of Refrigeration in the Global Economy*, 38th *Informatory Note on Refrigeration Technologies*. June. https://iifiir. org/en/documents/39816/download.

International Institute of Refrigeration (2020a). *The Role of Refrigeration in Worldwide Nutrition*, 6th *Informatory Note on Refrigeration and Food*. March. https://iifiir. org/

en/documents/39 820/download. Accessed 24 May 2021.

International Institute of Refrigeration (2020b). Impact of the COVID-19 epidemic on the refrigeration sector, 25 May. https://iifiir. org/en/news/impact-of-the-covid-19-epidemic-on-the-refrigeration-sector. Accessed 29 August 2021.

International Institute of Refrigeration (2021a). *Annex-The Carbon Footprint of the Cold Chain*, *7th Informatory Note on Refrigeration and Food*. April. https://iifiir. org/en/fridoc/the-carbon-footprint-of-the-cold-chain-7-lt-sup-gt-th-lt-sup-gt-informatory-143457.

International Renewable Energy Agency (2018). *Renewable Power Generation Costs in 2018*. Abu Dhabi. https://www. irena. org/publications/2019/May/Renewable-power-generation-costs-in-2018.

International Renewable Energy Agency (2020). *Global Renewables Outlook: Energy Transformation 2050*. Abu Dhabi. https://www. irena. org/publications/2020/Apr/Global-Renewables-Outlook-2020.

James, S. J. and James, C. (2014). Food technologies: Chilling. In *Encyclopedia of Food Safety*. Motarjemi, Y. (ed.). Waltham: Academic Press. 140-148. doi: 10. 1016/B978-0-12-378612-8. 00265-1.

Jha, M. and Ritchie, G. (2021). Europe's freezers are filling up as virus chills food sales. Bloomberg, 3 June. https://www. bloomberg. com/news/newsletters/2020-06-03/supply-lines-food-glut-bursts-europe-s-freezers. Accessed 29 August 2021.

Kader, A. A. (2002). *Postharvest Technology of Horticultural Crops-Third Edition.* Davis. https://anrcatalog. ucanr. edu/Details. aspx? itemNo=3311.

Kigali Cooling Efficiency ProgramX (2018). *Optimization，Monitoring，and Maintenance of Cooling Technology*. https://kcep. org/wp-content/uploads/2018/03/Optimization-Monitoring-Maintenance-of-Cooling-Technology-v2-subhead…pdf.

Kitinoja, L. (2013). *Use of Cold Chains for Reducing Food Losses in Developing Countries*. La Pine: The Postharvest Education Foundation. http://www. postharvest. org/Cold_chains_PEF_White_Paper_13_03. pdf.

Kumar, S. , Sachar, S. , Goenka, A. , Kasamsetty, S. and George, G. (2018). *Demand Analysis for Cooling by Sector in India in 2027*. New Delhi: Alliance for an Energy Efficient Economy. https://aeee. in/wp-content/uploads/2020/09/2018-Demand-Analysis-for-Cooling-by-Sector-in-India-in-2027-v2. pdf.

Lee, J. (2021). COP26: Supermarkets promise to halve environmental impact by 2030. *BBC News*, 6 November. https://www. bbc. com/news/uk-59184278. Accessed 10 February 2022.

Liquid Air Energy Network (2014). *Liquid Air on the Highway: The Environmental and Business Case for Liquid Air Commercial Vehicles in the UK*. https://www. birmingham. ac. uk/Documents/college-eps/energy/liquid-air-highway. pdf.

Maouris, G. E. J. Sarabia Escriva, Acha, S. , Shah, N. , and Markides, C. N. (2020). CO_2 refrigeration system heat recovery and thermal storage modelling for space heating provision in supermarkets: An integrated approach. *Applied Energy* 264, 114722. doi: 10. 1016/j. apenergy. 2020. 114722 .

Masson-Delmotte, V. , Zhai, P. , Pirani, A. , Connors, S. L. , Péan, C. , Berger, S, et al. (eds.) (2021). Summary for Policymakers. In *Climate Change* 2021: *The Physical Science Basis. Contribution of Working Group I to the Sixth Assessment Report of the Intergovernmental Panel on Climate Change.* Cambridge: Cambridge University Press.

McKevitt, F. (2021). UK shoppers balance new year's good intentions with life in lockdown. Kantar, 2 February. https://www. kantar. com/uki/inspiration/fmcg/2021-shoppers-balance-new-years-good-intentions-with-life-in-lockdown. Accessed 31 August 2021.

Mercier, S. , Mondor, M. , McCarthy, U. , Villeneuve, S. , Alvarez, G. and Uysal, I. (2019). 7-Optimized cold chain to save food. In *Saving Food.* Galanakis, C. M. (ed.). Cambridge: Academic Press. 203-226. doi: 10. 1016/B978-0-12-815357-4. 00007-9.

Merrett, N. (2020). Sponsored feature-globalFACT on five facts to consider before switching to CO_2, refrigeration and air conditioning, 7 April. https://www. racplus. com/sponsored-content/sponsored-feature-globalfact-on-five-facts-to-consider-before-switching-to-co2-07-04-2020. Accessed 27 August 2021.

Ministry of Agriculture & Farmers Welfare (2017). Report of the Committee for Doubling Farmers' Income. *Volume III-Post-production Agri-logistics: Maximising Gains for Farmers.* New Delhi. https://agricoop. gov. in/sites/default/files/DFI%20Volume%203. pdf.

Ministry of Environment of Rwanda (2018). *Third National Communication: Report to the United Nations Framework Convention on Climate Change.* Kigali https://unfccc. int/ sites/default/files/resource/nc3_Republic_of_Rwanda. pdf.

Ministry of Health of Ghana (2019). Ghana's medical drone delivery system takes off, 25 April. https://www. moh. gov. gh/ghanas-medical-drone-delivery-system-takes-off. Accessed 16 August 2021.

National Agricultural Export Development Board (2019). *Cold Chain Assessment: Status of Cold chain Infrastructure in Rwanda.* Kigali. https://naeb. gov. rw/fileadmin/documents/ Cold_chain_assessment_2019NAEB_final_version. pdf.

National Centre for Cold-chain Development (2015). *All India Cold chain Infrastructure Capacity (Assessment of Status & Gap).* Delhi. https://nccd. gov. in/PDF/CCSG_Final%20Report_Web. pdf.

National Dairy Development Board (2021). Indian Dairy Association-45th Dairy Industry Conference. https://www. nddb. coop/about/speech/dic. Accessed 2 June 2021.

National Industrial Research and Development Agency (2019). *Technology Audit for Fruits and Vegetables Value Chain.* Kigali. https://www. nirda. gov. rw/uploads/tx_dce/Fruits_ and_vegetable_tech_audit_report. pdf.

North American Sustainable Refrigeration Council (2021). The HFC problem. https://nasrc. org/the-hfc-problem. Accessed 27 April 2021.

Ocado（2021）. Ocado partners with Oxbotica. Ocado Group. https：//www. ocadogroup. com/investors/ocado-invests-in-oxbotica-autonomous-vehicle-software. Accessed 3 September 2021.

Oorja Development Solutions India Private Limited（2022）. Oonnayan：Solar-powered Cooling-as-a-Service for Smallholder Farmers developed by Oorja Development Solutions India Private Limited［photograph］. Provided by Clementine Chambon.

Organisation for Economic Co-operation and Development（2021）. *OECD-FAO Agricultural Outlook 2021—2030.* Paris. https：//www. oecd. org/publications/oecd-fao-agricultural-outlook-19991142. htm. Accessed 2 September 2021.

Ozone Secretariat（2009）. Ozone treaty anniversary gifts big birthday present to human health and combating of climate change，16 September. https：//ozone. unep. org/ozone-treaty-anniversary-gifts-big-birthday-present-human-health-and-combating-climate-change. Accessed 10 February 2022.

Ozone Secretariat（2018）. *Refrigeration，Air Conditioning and Heat Pumps Technical Options Committee.* 2018 *Assessment Report.* Nairobi. https：//ozone. unep. org/sites/default/files/2019-04/RTOC-assessment-report-2018_0. pdf.

Ozone Secretariat（2021a）. Montreal Protocol on Substances That Deplete the Ozone Layer. Report of the Technology and Economic Assessment Panel. Volume 4：Decision XXXI/7-Continued Provision of Information on Energy-Efficient and Low-Global-Warming-Potential Technologies. Nairobi. https：//ozone. unep. org/system/files/documents/TEAP-EETF-report-may2021. pdf.

Ozone Secretariat（2021b）. *Annex I：Rome Declaration on the Contribution of the Montreal Protocol to Food Loss Reduction through Sustainable Cold Chain Development.* Nairobi. https：//ozone. unep. org/treaties/montreal-protocol/meetings/thirty-first-meeting-parties/decisions/annex-i-rome-declaration. Accessed 2 September 2021.

Papasavva, S. and Moomaw, W.（2014）. *Comparison between HFC-134a and Alternative Refrigerants in Mobile Air Conditioners using the GREEN-MAC-LCCP© Model.* International Refrigeration and Air Conditioning Conference Paper 1475. https：//docs. lib. purdue. edu/cgi/viewcontent. cgi? article=2474&context=iracc.

Peters, T.（2018a）. *A Cool World：Defining the Energy Conundrum of Cooling for All.* Birmingham：University of Birmingham. https：//www. birmingham. ac. uk/Documents/college-eps/energy/Publications/2018-clean-cold-report. pdf.

Peters, T.（2018b）. *Clean Cooling Landscape Assessment.* Edinburgh and Birmingham：Heriot-Watt University and University of Birmingham. https：//www. clean-cooling. ac. uk/resources/CleanCoolingLandscapeAssessment%2012-18. pdf.

Peters, T., Bing, X. and Debhath, K. B.（2020）. *Cooling for All：Needs-based Assessment Country-scale Cooling Action Plan Methodology.* Edinburgh：The Centre for Sustainable Cooling and Sustainable Energy for All，Heriot-Watt University. https：//www. sustainablecooling. org/wp-content/uploads/2020/06/Needs-Assessment-June-2020. pdf.

Peters, T. , Kohli, P. and Fox, T. (2018). *The Cold chain Conundrum.* University of Birmingham，Birmingham Energy Institute，National Centre for Cold chain Development and Heriot-Watt University. https://www. birmingham. ac. uk/documents/college-eps/energy/cold-chain-conundrum. pdf.

PIB (2021). Horticulture sector can play an important role in doubling farmers' income，10 May. https://pib. gov. in/pib. gov. in/Pressreleaseshare. aspx? PRID = 1717447. Accessed 9 December 2021.

Pluss Advanced Technologies Pvt. Ltd. (2022a). Pluss Advanced Technologies Pvt. Ltd. MassEffekt™ technology [photograph] . Provided by Samit Jain.

Pluss Advanced Technologies Pvt. Ltd. (2022b). Pluss Advanced Technologies Pvt. Ltd. PronGo® last mile delivery solution technology [photograph] . Provided by Samit Jain.

Rockefeller Foundation (2013). *Waste and Spoilage in the Food Chain.* New York. https://www. rockefellerfoundation. org/wp-content/uploads/Waste-and-Spoilage-in-the-Food-Chain. pdf.

Routific Solutions Inc (2021). *Impact of Route Optimization Algorithms on the Reduction of Carbon Emissions.* https://blog. routific. com/ebook-route-optimization-algorithms-reduction-carbon-emissions♯formButton. Accessed 11 October 2021.

Salin, V. (2018). 2018 *GCCA Global Cold Storage Capacity Report.* Global Cold Chain Alliance. https://www. gcca. org/sites/default/files/2018％20GCCA％20Cold％20Storage％20Capacity％20Report％20final. pdf.

Sejian, V. , Bhatta, R. , Gaughan, J. B. , Dunshea, F. R. , and Lacetera, N. (2018). Review：Adaptation of animals to heat stress. *Animal* 12，s431-s444. https://doi. org/10. 1017/s1751731118001945.

SELCO Foundation (2022). Positive-temperature cold storage units installations in India supported by SELCO Foundation [photograph] . Provided by Surabhi Rajagopal.

Solar Cooling Engineering (2022). Locally produced modular cooling systems powered by solar (SelfChill Approach) developed by Solar Cooling Engineering [photograph]. Provided by Victor Torres-Toledo and Sonja Mettenleiter.

Southall, T. (2021). Cold Chain Insight：Webinar for Cold Chain Professionals. Transport Week：Innovation. [webinar] .16 March. https://www. coldchainfederation. org. uk/transport-week. Accessed 2 February 2022.

Sullivan, G. H. , Davenport, L. R. and Julian, J. W. (1996). Precooling：Key factor for assuring quality in new fresh market vegetable crops. In *Progress in New Crops.* Janick，J. (ed.). Arlington：ASHS Press. 521-524. https://agris. fao. org/agris-search/search. do? recordID＝US1997055932.

Sustainable Energy for All (2021). *Cooling For All and Gender：Towards Inclusive，Sustainable Cooling Solutions.* https://www. seforall. org/system/files/2021-03/Gender-Cooling-SEforALL. pdf.

87

UN Women (2017). UN Women and the World Bank unveil new data analysis on women and poverty, 9 November. https://www. unwomen. org/en/news/stories/2017/11/news-un-women-and-the-world-bank-unveil-new-data-analysis-on-women-and-poverty. Accessed 8 November 2021.

UN Women (2021). Facts & figures. https://www. unwomen. org/ en/news/in-focus/commission-on-the-status-of-women-2012/facts-and-figures. Accessed 8 November 2021).

UNICEF (2021). Malnutrition. https://data. unicef. org/topic/nutrition/malnutrition. Accessed 10 January 2022.

United Nations (2019). *World Population Prospects 2019.* New York. https://population. un. org/wpp. Accessed 17 May 2021.

United Nations Department of Economic and Social Affairs (2018). 68% of the world population projected to live in urban areas by 2050, says UN. United Nations Department of Economic and Social Affairs, 16 May. https://www. un. org/development/desa/en/news/population/2018-revision-of-world-urbanization-prospects. html. Accessed 2 September 2021.

United Nations Department of Economic and Social Affairs (2020). *Impact of COVID*-19 *on SDG Progress: A Statistical Perspective.* New York. https://www. un. org/development/desa/dpad/wp-content/uploads/sites/45/publication/PB_81. pdf.

United Nations Environment Programme (2015). *Fact Sheet 2: Overview of HFC Market Sectors.* Nairobi: Ozone Secretariat. https://ozone. unep. org/sites/ozone/files/Meeting _ Documents/HFCs/FS2Overview_of_HFC_Markets_Oct_2015. pdf.

United Nations Environment Programme (2018). About Montreal Protocol. OzonAction, 29 October. http://www. unep. org/ozonaction/who-we-are/about-montreal-protocol. Accessed 10 November 2021.

United Nations Environment Programme (2020a). *Cooling Emissions and Policy Synthesis Report.* Nairobi. https://wedocs. unep. org/bitstream/handle/20. 500. 11822/33094/CoolRep. pdf.

United Nations Environment Programme (2020b). *Servicing Tail for HCFCs-What Is It & Why Does it Matter.* Nairobi: OzonAction. https://wedocs. unep. org/bitstream/handle/20. 500. 11822/31933/HCFCTail. pdf.

United Nations Environment Programme (2021). *Food Waste Index Report* 2021. Nairobi. https://wedocs. unep. org/bitstream/handle/20. 500. 11822/35280/FoodWaste. pdf.

United Nations Environment Programme (2022). WhatGas? OzonAction. https://www. unep. org/ozonaction/resources/mobile-app-whatgas/whatgas. Accessed 27 April 2022.

United Nations Industrial Development Organization (2018). *Demonstration Project: CO_2 Refrigeration Equipment in Supermarkets.* Final Report. Vienna.

University of Birmingham (2017). *India's Third Agricultural Revolution: Doubling Farmers' Incomes Through Clean Cold Chains.* Birmingham: Birmingham Energy Institute. https://www. birmingham. ac. uk/Documents/college-eps/energy/Publications/india-third-agricultural-revolution-birmingham-energy-institute. pdf.

Uribe, J. P. and Ashing, I. (2021). Mobilizing against child malnutrition. World Bank, 7

December. https://blogs. worldbank. org/voices/mobilizing-against-child-malnutrition. Accessed 10 January 2022.

US Environmental Protection Agency (2011). *Transitioning to Low-GWP Alternatives in Transport Refrigeration.* Washington, DC. https://www. epa. gov/sites/default/files/2015-07/documents/transitioning_to_low-gwp_alternativesintransport_refrigeration. pdf.

Vegetable Growers News (2021). Retail demand for fruit and vegetables remains "robust", 18 June. https://vegetablegrowersnews. com/news/retail-demand-for-fruit-and-vegetables-remains-robust. Accessed 9 December 2021.

Vercillo, S. (2016). Food waste-what do women have to do with it? Food Waste Studies, 18 March. https://foodwastestudies. com/2016/03/18/food-waste-what-do-women-have-to-do-with-it. Accessed 10 December 2021.

World Bank (2016). A year in the lives of smallholder farmers, 25 February. https://www. worldbank. org/en/news/feature/2016/02/25/a-year-in-the-lives-of-smallholder-farming-families. Accessed 10 December 2021.

World Bank (2017). Help women farmers "get to equal", 18 April. https://www. worldbank. org/en/topic/agriculture/brief/women-farmers-getting-to-equal. Accessed 8 November 2021.

World Bank (2020a). *Rwanda:Food Smart Country Diagnostic.* Washington, DC. https://openknowledge. worldbank. org/handle/10986/34523.

World Bank (2020b). *Addressing Food Loss and Waste:A Global Problem with Local Solutions.* Washington, DC. https://openknowledge. worldbank. org/handle/10986/34521.

World Health Organization (2021). Food safety. https://www. who. int/news-room/fact-sheets/detail/food-safety. Accessed 10 August 2021.

World Resources Institute (2019). *World Resources Report:Creating A Sustainable Food Future.* Washington, DC. https://research. wri. org/sites/default/files/2019-07/wrr_food_full_report_0. pdf.

附录：案例研究

项目

项目方	项目名称	地点	目标应用领域/ 冷链要素
哥伦比亚食品银行协会（ABACO）和拉丁美洲物流创新中心（CLI）	减少哥伦比亚供应链中的粮食损失和浪费	哥伦比亚	全链条

简介

在哥伦比亚，54％的人口面临粮食不安全问题（ABACO，2020），同时超过 900 万吨的粮食被浪费（占总量的 34％），这些粮食可以养活 800 多万人（哥伦比亚国家规划部，2016），几乎相当于波哥大市的全部人口。哥伦比亚食物银行协会及其旗下 22 家食物银行通过与生产商和零售商合作，回收已无法销售但仍可以供人食用的产品。有些产品的有效期很短、包装破损或标签有小错误，但并不影响产品安全。

CLI 与 ABACO 共同制定战略，通过改善整个供应链的逆向物流（从第一英里到最后一英里，即从收获和收获后流程到商店或食品市场的商业化运作），减少食品损失和浪费。其目标是提高私营部门和政府的认识，即浪费粮食作为一种商业行为是不可接受的，粮食不安全不是因为缺乏食物，而是低效物流操作的结果，特别是逆向物流。其中一些举措包括为食物银行提供产品处理和储存、产品溯源和路线优化等方面的良好做法。

2017 年，ABACO 和食物银行网络共抢救了 21 807 吨粮食，比 2014 年增加了 16％。2019 年，尽管没有开展中的项目，但食物银行抢救了 25 089 吨食物，相当于避免了 534 吨二氧化碳排放。根据 ABACO 的年度报告（2019 年），共有 3 464 个组织获得了支持，60 多万人从中获益。这些数字与所开展的活动没有直接关系，而是多年来的宣传和一些主要捐助者共同努力的间接结果。

资料来源：哥伦比亚食品银行协会，2020 年。报告：让我们一起在哥伦比亚降下饥饿的旗帜。［在线］可登录查看：https：//drive. google. com/file/d/1R0yPmrBbOYiGEiXN0Sok0jJ9I8NAt92R/view。2021 年 12 月 1 日。

项目方	项目名称	地点	目标应用领域/冷链要素
阿迪力太阳能中心有限公司	阿迪力制冷中心	肯尼亚	冷藏、数据监测、市场流通

简介

阿迪力太阳能中心有限公司在图尔卡纳县隆格奇（Longech）开展了一个制冷中心试点项目，其目的是通过出售鲜鱼而非干鱼来增加渔民的收入（干鱼相比于鲜鱼损失了一半以上的价值，并且为保存鱼而腌制和烘干需要付出额外成本）。渔民也能从该设施获得清洁的饮用水。该系统已经安装完毕，目前正在试用和监测，同时为优化效率而获取数据。制冷中心包括一个水处理装置（0.5升/小时）、一台冰片机（500千克/天；使用R-404A）、一个冷藏室（11米³；使用R-404A）、450升和650升冰柜（使用R-600A）以及每台机器上的能源监测装置。该系统由一个50千瓦的离网太阳能微型电网供电。

资料来源：K. Gichuche，阿迪力太阳能中心公司，个人通信，2021年8月。

项目方	项目名称	地点	目标应用领域/冷链要素
印度能效经济联盟（Alliance for an Energy Efficient Economy）	西孟加拉邦冷藏情况分析：通过ESCO模型重获新机遇	印度	冷藏

简介

此项研究的重点是印度的重要园艺省份西孟加拉邦，该地区在冷链基础设施方面有很大的改进空间。研究以冷藏设施为重点，通过实地评估部分设施和咨询有关利益方，了解该地区的冷藏情况，确定能效基准线和邦一级的节能预测。研究提出，改造现有冷库基础设施以实现现代化，制定标准化的节能措施是有必要的。此举可以提高净容量利用率、降低运营支出、提升存储质量（更低的损耗）和实现更高价格。该项研究还建议，下一步可通过开展宣传推广活动和改善冷库管理政策环境，推动该技术大范围应用。目标包括：

- 了解西孟加拉邦现有的冷藏基础设施；
- 找出减少食品损耗和提高冷藏设施能效基准线的潜在可能性；
- 根据潜在的可能性制定邦一级的节能预测；
- 通过以能源服务公司（ESCO）模式提供的标准化能效措施（EEM），研究扩大实施范围的可能性；
- 建立可在其他州推广的ESCO模型。

资料来源：S. Kumar，印度能效经济联盟，个人通信，2021年8月。

项目方	项目名称	地点	目标应用领域/冷链要素
ARCH冷链解决方案	ARCH冷链解决方案东非基金	肯尼亚、埃塞俄比亚、乌干达、卢旺达、坦桑尼亚以及可能的其他国家	冷藏

（续）

项目方	项目名称	地点	目标应用领域/冷链要素

简介

　　该基金的目标是通过在肯尼亚、埃塞俄比亚、乌干达、卢旺达、坦桑尼亚以及可能的其他国家建设和运营 8～10 个冷藏设施，安装总容量约为 100 000 个托盘的仓库。这些设施将采用绿色建筑标准，通过能源与环境设计先锋（LEED）认证。运营单元将配备灵活的货架系统，投资将包含现场污水处理厂、屋顶太阳能光伏综合发电系统、停靠区和配套设施。所有冷藏仓库都将采用天然制冷剂技术。

　　基金的目标规模为 1 亿美元，项目总成本预计为 2.1 亿美元。

资料来源：S. Kumar，印度能效经济联盟，个人通信，2021 年 8 月。

项目方	项目名称	地点	目标应用领域/冷链要素
巴塞尔可持续能源机构（BASE）	制冷即服务（Cooling-as-a-Service）	尼日利亚、肯尼亚、坦桑尼亚、印度	冷藏、聚集

简介

　　制冷即服务（CaaS）是一种创新的商业模式，终端用户无需前期投资即可获得清洁高效的冷却解决方案。这种服务化模式通过允许客户按单位支付固定费用的方式，解决了采用可持续冷却技术的主要市场障碍（前期成本较高、技术风险和投资优先级）。农民以能承受的成本储存农产品，并在适当的时间以适当的价格出售，减少变质食品的数量，还能增加农民收入，此外还能减轻耕种土地的压力，更有效地利用农业资源。与此同时，系统的所有权仍属于技术提供商，他们负责系统的服务、维护以及所有运营成本。因此，供应商有动力提高能源效率，增加利润空间。

资料来源：R. Evangelista 和 D. Karamitsos，巴塞尔可持续能源机构（BASE），个人通信，2021 年 8 月。

项目方	项目名称	地点	目标应用领域/冷链要素
哥伦比亚博恩冻干速溶咖啡厂 Buencafé	咖啡冷冻干燥	哥伦比亚	冷冻干燥

简介

　　Buencafé 是一家生产优质可溶咖啡的哥伦比亚公司，隶属于哥伦比亚咖啡种植者联合会（FNC）。工业化生产采用冷冻干燥技术。生产过程首先是收集新鲜的绿咖啡，烘焙后将其研磨并浸泡在纯净的泉水中，来提取可溶性咖啡化合物。萃取物在 −5℃ 左右冷冻，保留了风味和香气；然后通过低温浓缩去除冰块。最后，利用真空压力（低于大气压的千分之一）将咖啡萃取物深冻在 −50℃ 的环境中，然后将剩余的冰升华。至于制冷系统，自 1990 年起，R-22 已被氨气（R-717）取代。这种加工方法可以获得优质的哥伦比亚咖啡。

（续）

项目方	项目名称	地点	目标应用领域/ 冷链要素

该公司提高了能源效率，将每千克冻干咖啡的能耗从 2015 年的 40 千瓦时降至 2018 年的 34 千瓦时。这得益于对现有自然资源的高效利用和循环经济策略的运用，Buencafé 在生产过程中替代了化石燃料。咖啡废料和天然气被用作热能生产的能源来源，而大部分电力是由一个 5 兆瓦的光伏发电系统和一个 2.5 兆瓦的水力发电系统提供。

资料来源：粮农组织，2022 年；哥伦比亚咖啡种植者联合会（FNC），2019 年。可持续发展报告 2016—2018［西班牙语］（2019 年）。https：//federaciondecafeteros. org/app/uploads/2019/11/Informe-de-Sostenibilidad-2015-2018. pdf。于 2022 年 1 月 21 日访问该网页。

项目方	项目名称	地点	目标应用领域/ 冷链要素
英国可持续道路货运中心 (Centre for Sustainable Road Freight)	数字孪生	英国	运输

简介

英国可持续道路货运中心开发了一个以标准物流和能源代理为基础的模型，该模型以给定的物流需求为基础，允许代理自主决策提高表现。该模型可以自我组织，针对给定的冷链方案开发稳健高效的物流操作。通过该模型可以采用稳健设计方式进行实验设计，在实验中可以使用丰富的模型描绘现实世界，并分析解决方案的敏感性。

资料来源：P. Greening，赫瑞-瓦特大学，个人通信，2021 年 8 月。

项目方	项目名称	地点	目标应用领域/ 冷链要素
ColdHubs 有限公司	冷藏中心	尼日利亚	冷藏、数据监测

简介

ColdHubs 有限公司是一家社会企业，在农场聚集地、农产品集散中心和户外食品市集设计、建造、委托和运营步入式太阳能冷藏室。小农户、零售商和批发商利用这些冷库储存和保存新鲜水果、蔬菜和其他易腐食品。除了传授技术外，ColdHubs 还对这些食品供应链参与者进行培训，用当地语言的教育海报向他们传授有关易腐食品产后管理的综合技能和知识。

每个冷藏中心包括一个冷藏室，可容纳约 3 吨易腐食品，以 150 个 20 千克的塑料箱为单位堆放在地板上。目前，ColdHubs 在尼日利亚的 38 个农场、集散中心和市场安装了 54 个冷藏室，为 5 250 名农民、零售商和批发商提供服务。用户每天只需支付 100 尼日利亚奈拉（0.26 美元），就可以在冷藏室内存放一个 20 千克重的可回收塑料箱，这是一种独特的"按存量付费"的制冷即服务（CaaS）概念。

2020 年，54 个投入运营的冷库共挽救了 42 024 吨食品，使这些食品免于变质。这些冷库帮助 5 240 个小农户、零售商和批发商的家庭收入增加了 50%，在原有 60 美元收入的基础上又增加了 60 美元，这样他们的月收入总额就达到了 120 美元，而不过是因为减少了 50% 的食品损耗。通过招聘和培训妇女在市场和农场聚集地担任中心操作员和市场经理，该倡议还为妇女创造了 66 个工作岗位。

资料来源：N. Ikegwuonu，ColdHubs，个人通信，2021 年 8 月。

项目方	项目名称	地点	目标应用领域/冷链要素
克鲁特集团（Colruyt）	使用天然制冷剂的通用制冷机	比利时、卢森堡	零售业的冷藏

简介

克鲁特集团的目标是在其旗下所有的 Bio-Planet、Colruyt、OKay、OKay Compact 和 Cru 商店中，有计划地将使用合成制冷剂的制冷设备更换为使用天然制冷剂（如丙烷、丙烯或二氧化碳）的制冷设备。这些设备更换后，克鲁特集团的温室气体排放总量将减少 11%。

Bio-Planet 商店改用丙烷紧凑型冷却器（R-507 系统）后，直接排放量减少了 99% 以上。在间接排放方面，新冷却系统的能效与之前安装的氢氟碳化合物系统相当。与 2015 年的商店相比，2019 年升级设备后的二氧化碳当量从每年 80 吨减少到每年仅 0.16 吨。

资料来源：C. Bootsveld，克鲁特集团，个人通信，2021 年 8 月。

项目方	项目名称	地点	目标应用领域/冷链要素
制冷联盟（Cool Coalition）	国家制冷行动计划的方法	全球	全链条/更广泛的冷却应用

简介

该项目目前正在柬埔寨和印度尼西亚进行试点，它为制定国家制冷行动计划描绘了既全面又细致的过程，全面涵盖冷却相关领域（包括农业冷链和最终能源使用等各个部门），将所有人都使用冷却考虑在内。

资料来源：联合国环境署制冷联盟。

项目方	项目名称	地点	目标应用领域/冷链要素
Equatorial Power 公司	伊吉威岛冷链催化剂	伊吉威岛、南基伍、刚果民主共和国	冷藏、数据监测

简介

Equatorial Power 公司正在伊吉威岛试点开发冷链系统，以满足其有 30 个连接点的 30 千瓦光伏微型电网，以及一个 30 千瓦的工业园区的需求。该公司在岛上开发了一个轴辐式冷链系统，在工业园区安装了一台 5 吨的制冰机并为其供电，用于保存家禽、乳制品和养殖罗非鱼，这些产品将通过一艘装有冰库的船出口到内地市场。制冰机还可以将冰块配送到岛上另外两个地方，那里有冰柜可以储存和销售冰块。项目还将资助购买离网冰箱、冷冻设备组合以及供渔民和小型奶制品生产商使用的冰箱，从而扩大对 Equatorial Power 公司制冰机的需求，同时提高冷链的经济效益。

资料来源：A. Bharadwaj、C. Beland 和 M. Falciatori，Equatorial Power，个人通信，2021 年 8 月。

项目方	项目名称	地点	目标应用领域/冷链要素
法国全球环境基金（FFEM）	太阳能冷藏室帮助渔港适应气候变化	塞内加尔达喀尔	冷藏

简介

塞内加尔的海岸线长达 718 千米，渔业从业人员达 60 万，对渔业资源的依赖程度很高。在气候变化的影响下，捕鱼量可能会大幅下降，从而加剧南北政治上的不平等，威胁人民的粮食安全。小渔港尤其容易受到这些变化的影响。

尽管法斯博耶港充满活力，但其没有任何存储设施，也就是说批发商每天都要去取冰。开发自主太阳能冷藏室可以更好地储存鱼类，降低损失，减少对化学电池的依赖。该项目通过私营部门创新基金（FISP）获得了 FFEM 的资助。

该项目的主要目标包括：
- 在法斯博耶港口启用太阳能冷藏室储存鱼类，在完成外部研究后测试其技术运作。
- 确定该设施的管理方式，提高其使用率，支持利益相关者参与并确定其影响。
- 通过用户反馈和审计评估设备的附加值，从而在更大范围内推广。

目的是：
- 通过开发太阳能解决方案，最大限度地减少运输活动、冰块消耗和对化石燃料的依赖。
- 保护渔业资源，减少浪费。
- 试点性通过冷藏室的安全和管理创造当地就业机会。
- 保障鱼类批发商的生产资源和收入。

资料来源：C. Durand，法国生态转型部，个人通信，2021 年 8 月。

项目方	项目名称	地点	目标应用领域/冷链要素
Flexible Power Systems 公司	Waitrose 将在伦敦试用无线充电电动送货车	英国	运输

简介

连锁超市 Waitrose 的目标是整个运输车队在 2030 年不再使用化石燃料。作为其中的一部分，连锁超市 Waitrose 与 Flexible Power Systems 公司合作，于 2022 年初在伦敦试运行了一支可无线充电的电动送货货车车队。

该项目是在 2021 年与爱丁堡市议会和赫瑞-瓦特大学合作进行的轻型商用车无线充电技术试验的基础上开发的，由英国低排放车辆办公室通过其旗下的创新机构，即创新英国（Innovate UK）提供资金。这些货车将全部停放在 Waitrose St Katherine's Dock 门店。如果试验成功，Waitrose 还打算将它们推广到其他门店。

该试验用到 7 辆沃克斯豪尔 Vivaro-e 送货车，每辆都配备了 75 千瓦时的电池，续航里程可达 330 千米。这些货车混合使用无线和有线充电基础设施。它们的底部装有一个细长的充电板，可以停在地面的充电板上开始充电。它们还可以插上电源过夜充电。无线充电套件的额定功率为 44 千瓦，而有线充电器的额定功率为 11 千瓦。

无线充电技术在商业应用中能带来诸多益处，包括开始充电更快、司机的工作效率提高、车辆周转时间缩短，以及减少工人被绊倒的危险和维护需求（因为没有充电线）。由于自动驾驶汽车将不需要驾驶员插电，因此无线充电技术对于自动驾驶汽车的出现也是至关重要的。

资料来源：M. Ayres，Waitrose，个人通信，2021 年 8 月。

项目方	项目名称	地点	目标应用领域/冷链要素
全球环境基金（GEF）SolarChill 项目	疫苗和食品太阳能冷库	肯尼亚、斯威士兰王国和哥伦比亚	冷藏

简介

SolarChill 项目于 2001 年启动，旨在开发和提供经济实惠、技术可靠、气候友好、无需铅酸电池的太阳能制冷设备。在最初的开发研究后，由全球环境基金资助的项目第二阶段（2017—2019年）开始启动，目的是在三个项目国家，即肯尼亚、斯瓦蒂尼王国和哥伦比亚，展示 SolarChill 的可靠技术和合理价格。项目开发了两种不同的制冷装置：用于疫苗的太阳能制冷器 A 和用于家庭和商业用途的太阳能制冷器 B。全球环境基金 SolarChill 项目包括：

• 在不同气候和操作条件下，对现有品牌的商用 SolarChill A 制冷机进行比较测试。
• 支持一个伙伴国制造生产太阳能制冷器 A，并支持其取得世界卫生组织的认证。
• 在不同的气候和操作条件下，对太阳能冷却器 B 的原型进行实验室和实地测试。
• 支持伙伴国生产太阳能冷却器 B，鼓励其他制造商推销太阳能冷却器 B。
• 在全球离网设备领域传递 SolarChill A 和 B 的相关数据。

资料来源：粮农组织、Toby Peters 教授和 Leyla Sayi 博士。

项目方	项目名称	地点	目标应用领域/冷链要素
全球气候变化框架公约（GFCCC）和联合国环境规划署臭氧行动	冷链数据库	全球	全链条/更广泛的冷却应用

简介

此项倡议旨在开发一个数据库模型，通过全面的评估方法和详尽的数据收集方法，收集有关技术、制冷剂、食品损失、能源、经济学和操作实践的信息，量化库存、了解差距并预测不同冷链流程中的冷链应用方案。该数据库是帮助发展中国家确定冷链基准和相关氟氯烃或其他制冷剂消费量的第一步。该模型旨在捕捉每个领域的细节和具体情况。除已确定的 7 个主要行业外，还在数据库工作范围内对 20 多个下游部门和 50 多个次级领域进行了分类，确保模型的全面性和包容性。

为便于第一和第二阶段的数据收集工作，调查问卷编制工作已经完成，内容详尽。所有问卷都有三种语言版本（英语、法语和西班牙语）。问卷收集包括五大主题：1）每个次级领域的人口和应用类型；2）每种应用类型所使用的制冷剂类型、数量和服务方式；3）基本能源消耗数据；4）有关食品损失估计值和相关原因；5）不同类型设施的基本资本支出和运营支出（CAPEX/OPEX）。

资料来源：环境署和全球气候变化框架公约。

项目方	项目名称	地点	目标应用领域/冷链要素
英国和卢旺达政府、可持续制冷中心（和英国学术伙伴）、联合国环境规划署能效联盟（United for Efficiency）和卢旺达大学	非洲可持续制冷和冷链卓越中心（ACES）	卢旺达、非洲＋肯尼亚生活实验室	全链条冷却应用的系统性方法

（续）

项目方	项目名称	地点	目标应用领域/ 冷链要素

简介

　　ACES 在政府、学术界、工业界、社区和非政府组织之间建立了合作关系，各部门之间的合作世界领先，加快了可持续解决方案的上市速度，同时应对两个紧迫且彼此相关的全球发展挑战：粮食损失及使用可持续冷链和冷却系统的便利性。

　　项目主要目标是为行业提供合适的环境、销售渠道、客户融资模式，为新技术的开发、示范和营销，以及安装和维护提供支持。除了在市场上演示、验证制冷和冷链技术，ACES 还将通过研究、教学和培训项目培养售后服务能力、开发技术经济商业模式和融资机制（包括气候融资）、制定政策和能力建设。该中心将成为非洲生活实验室的网络枢纽，演示、实施各种解决方案。第一个实验室正在肯尼亚进行研发。

©ACES

　　资料来源：环境署和 Toby Peters 教授。

项目方	项目名称	地点	目标应用领域/ 冷链要素
赫瑞-瓦特大学和"人人享有可持续能源"组织（SEforALL）	全面供冷需求评估	全球	全产业链、广泛的冷却应用

简介

　　该需求评估项目由赫瑞-瓦特大学（Heriot-Watt University）和 SEforALL 共同开发，是一个同行评审的工具，供各国政府、开发机构和非政府组织评估建筑、城市、农业和卫生领域的各种冷却需求，确定满足这些需求的政策、技术和融资措施。

　　资料来源：赫瑞-瓦特大学和"人人享有可持续能源"组织。

项目方	项目名称	地点	目标应用领域/ 冷链要素
因帕格罗农业解决方案公司	因帕格罗农业解决方案	印度	全系统

简介

　　因帕格罗农业解决方案公司采用系统性的方法来了解阻碍农民、合作社、生产者组织和农业企业大规模使用分散式冷链技术的因素。该公司制定了一个框架，来确定作物进入农场冷链之前、期间和之后采取的行动。目的是利用该框架开发可持续的商业模型，以运营配备可持续冷却技术的第一英里供应链。

　　资料来源：粮农组织、Toby Peters 教授和 Leyla Sayi 博士。

项目方	项目名称	地点	目标应用领域/冷链要素
InspiraFarms	卢旺达的太阳能冷藏和加工	卢旺达	冷藏、食品加工

简介

　　2018 年，InspiraFarms 在卢旺达 5 个省中 4 个省的 6 个地区启用了 10 个模块化太阳能食品加工和冷藏设施。每个设施的总面积为 150 米²，包括冷藏库、加工区、聚合区以及行政和卫生区域。设施完全离网运行，符合食品安全标准。

　　该系统的主要影响是增加了新鲜农产品冷藏的可用性和可及性。在卢旺达，冷藏室将用于新鲜蔬菜、水果和鲜花。已安装的设施为 10 多万小农户提供了使用冷链的机会。此外，能够使用冷库还促使农民为当地市场和出口市场生产高价值作物。

　　资料来源：粮农组织、Toby Peters 教授和 Leyla Sayi 博士。

项目方	项目名称	地点	目标应用领域/冷链要素
国家干旱地区农业研究中心（ICARDA）和突尼斯国家农业研究所（INRAT）	创新的太阳能牛奶冷却方案提高突尼斯奶业效率	突尼斯	牛奶冷却器

简介

　　突尼斯安装了由霍恩海姆大学设计的创新型太阳能牛奶冷却系统。引进太阳能制冷机的主要影响是增加了偏远农场的牛奶销售量。由于牧场有制冷能力，偏远地区的牧场主可以将牛奶冷藏一夜，第二天早上再卖到收集中心。在进行试验的牧场，牧场主每天晚上都有大约 15 升未收集的牛奶。有了太阳能制冷器，奶农每天可以多赚 3.75 英镑。冷却器的第二个主要好处是减少碳排放。

　　使用太阳能冷却系统后，牛奶在两小时后到达收集中心时的温度为 15℃，而不是 30℃。将 1 升牛奶从 30℃ 冷却到 4℃（假设热泵的平均性能系数为 1）所需的电量约为每升 0.03 千瓦时。将太阳能制冷系统与传统的并网系统相比较，考虑到突尼斯的电力排放系数（每千瓦时 0.572 千克二氧化碳当量），太阳能牛奶制冷系统可使每升牛奶减少 9.7 克二氧化碳当量。一个普通的牛奶收集中心每天要冷却约 40 000 升牛奶。按此计算，每天的碳排放量约为 686 千克二氧化碳当量。如果所有向该中心运送牛奶的奶农都使用太阳能制冷系统，则每天的碳排放量可减少一半以上，约为 297 千克二氧化碳当量。

　　资料来源：粮农组织。

项目方	项目名称	地点	目标应用领域/冷链要素
国际金融公司（IFC）与英国政府部门商业、能源及工业策略部合作（BEIS）	西格玛（Sigma）和普罗米修斯（Promethean）	哥伦比亚和墨西哥	冷藏

（续）

项目方	项目名称	地点	目标应用领域/冷链要素

简介

印度普罗米修斯电力公司为离网和部分电气化地区设计和制造冷藏系统，国际金融公司正在支持该公司与墨西哥食品公司西格玛合作，测试一种无需在冷藏车上安装冷凝装置就能将电能转化为冷能的解决方案。目的是减少柴油消耗，降低因温度控制不佳造成的食品损失。该项目于 2021 年 5 月启动，于 2021 年 10 月完成。

资料来源：S. Tanatar，国际金融公司；L. Kanji，英国经济和社会事务部，个人通信，2021 年 8 月。

项目方	项目名称	地点	目标应用领域/冷链要素
国际金融公司（IFC）与英国政府部门商业、能源及工业策略部合作（BEIS）	解决印度零售冷链中缺失的环节	印度	冷藏、市场连通

简介

该项目旨在解决现有具备温控功能的二级物流配送中心运营成本高的问题。通过打造更多的商业案例，并使用非化石能源供能最后一英里配送，从而提高这些配送中心的成本效益，提升环境可持续性。

该项目将分两个阶段实施：第一阶段是与一家领先的电子商务公司 BigBasket 合作，测试、验证选定的技术；第二阶段是在整个零售行业确定、复制和推广一套可行的解决方案。其影响包括：

· 与传统制冷技术相比，通过更高效的冷链方案节约成本并减少运营开支。
· 通过使用可再生能源（如热能存储、相变材料、生物质能等）的可持续冷却技术，减少或避免温室气体排放。
· 其他受益者包括城市零售消费者，由于冷藏室能够更好地保持温度，他们可以从提高保存易腐食品的数量和质量上获益。
· 减少食物浪费，降低消费价格，减少饥饿，提高粮食安全。

作为该项目的一部分，起初在班加罗尔的 BigBasket 配送中心安装了 5 个 GreenCHILL 冷藏室，由于冷藏室的性能令人满意，2021 年 4—6 月又安装了 4 个系统。通过使用 GreenCHILL，并网能源（即化石燃料）使用量最多可减少 90%。引进 GreenCHILL 系统后，日均耗电量从 83 千瓦时降至 8 千瓦时。并网用电量的差额由每天约 100 千克的生物质燃料所替代。

该技术在安装和运行过程中面临的主要问题是需要训练有素的人来持续监测、记录数据、供给燃料和维护系统整体运行等。

资料来源：S. Tanatar，国际金融公司；L. Kanji，英国经济和社会事务部，个人通信，2021 年 8 月。

项目方	项目名称	地点	目标应用领域/冷链要素
印度 Oorja 开发解决方案私人有限公司	Oonnayan：为小农户提供太阳能供电制冷即服务	印度	预冷、冷藏

（续）

项目方	项目名称	地点	目标应用领域/冷链要素

简介

    2021 年 3 月，Oorja 推出了第三项综合清洁能源服务"Oonnayan"。它以按使用计费的模式提供制冷即服务，无需任何技术购置成本。在这种模式下，Oorja 资助安装了 5 吨规模的太阳能冷藏库，供30～50 名农民使用，具体视其土地面积和园艺产品类型而定。农民可以便利地使用在市场门口安装的冷藏室，在其中储存易腐产品，按日付费。他们无需承担任何前期技术购置费用就能享受这项服务，只需支付储存农产品的费用和 1 000 印度卢比的初始会员费。Oonnayan 冷却服务旨在帮助小农户和边缘化农民维持产品新鲜，延长农产品的保质期，提高市场售价，预计可增加农民收入 50% 以上。

    在技术配置方面，Oorja 与 Ecozen 合作，在比哈尔邦穆扎法尔布尔试点安装测试了 Ecozen 的Ecofrost 5 吨便携式冷库。该试点项目作为一项示范，能够证明 Oorja 制冷即服务模式的可行性，之后再扩大规模，填补已知的市场空白。

©印度Oorja开发解决方案私人有限公司，2022年

©印度Oorja开发解决方案私人有限公司，2022年

©印度Oorja开发解决方案私人有限公司，2022年

    资料来源：C. Chambon 和 A. Saraogi，印度 Oorja 开发解决方案私人有限公司，个人通信，2021年 8 月。

项目方	项目名称	地点	目标应用领域/冷链要素
荷兰合作银行	The Cool Move	肯尼亚及其后的撒哈拉以南非洲	冷藏、汇总、数据监测、市场连通

简介

    世界银行、粮农组织投资中心和荷兰合作银行正在联合开发"The Cool Move"项目。该项目旨在通过在经济上可行的方式，结合相应的融资方案和投资，提高新兴市场农村地区高质量（第一英里）冷链的便利性和使用率。The Cool Move 的目标是采用综合价值链方法，努力实现整个价值链的专业化，令所有参与者在同一层面竞争。这样一来，所有参与者都能在当地、国内和全球市场上参与竞争。The Cool Move建议让供应方（农民组织和冷链提供商）和需求方（聚合商和承购商）都参与进来，为所有参与者打造可行的商业案例，推动冷藏行业发展，为扩充解决方案奠定基础。其目标包括：

· 减少产后的损失；
· 增加小农户使用冷链的机会；
· 通过加强与承购商的联系和提高市场流通性，保障农民收入；
· 提高食品质量，满足食品卫生标准，提高粮食安全和食品安全水平；
· 通过减少粮食损失，降低温室气体排放；
· 赋能中小型企业（仓储经理、物流提供商、生产商、贸易商和零售商），为青年创造非农就业机会；
· 为冷链和其他农业物流筹集投资和实施融资方案；
· 部署技术，推广成功的商业模式。

    资料来源：L. Verhofstad，荷兰合作银行，个人通信，2021 年 8 月。

项目方	项目名称	地点	目标应用领域/ 冷链要素
Savanna 电路技术有限公司	肯尼亚太阳能牛奶运输	肯尼亚	摩托车载牛奶冷却器

简介

Savanna 电路技术有限公司开发了一种经济实惠的牛奶运输冷藏系统，用于安全运输牛奶。该技术包括一个安装在摩托车上的太阳能储奶罐。该公司使用与太阳能电池板相连的铝制储奶罐为冷却牛奶供电。这项服务需要奶农下载一个应用程序，该程序会记录每个奶农出售了多少牛奶。公司还将农民组织成小组，从而以接近满负荷的状态运行设备。当牛奶需要运往散装站时（bulkers），奶农会通知公司。然后对牛奶进行称重、pH 检测，在运输途中将牛奶冷却至 4℃，直至到达散装站。每个冷却装置的容量为 120 升，但可根据客户要求定制，最大容量可达 1 000 升。该公司为 1 000 多个家庭提供服务，使他们的收入增加了 37%。该公司活跃在肯尼亚四个目标区域中的两个。

资料来源：S. Mettenleiter 和 V. Torres‑Toledo，SelfChill，个人通信，2021 年 8 月。

项目方	项目名称	地点	目标应用领域/ 冷链要素
SELCO 基金会	加快小农户和边缘化农户使用分散式冷链	印度	冷藏、市场连通

简介

项目的目标是：

· 帮助小农户和边缘化农户（靠近农场大门）更容易地获得分散式冷链解决方案，从而最大限度地减少因浪费和滞销造成的产后损失（利用负温度、冷藏车等创新方式，以及复制和推广经过充分检验的 2～15 吨容量的正温冷库）；

· 通过更好地获得信贷和政府支持，加强最终用户的能力建设，从而更好地利用解决方案，消除规模化障碍；

· 推动分散式可持续供电冷链解决方案被纳入地方、州和国家政府的农业及相关部门（跨地区和跨州）的优先考虑事项。

SELCO 基金会已直接推动了 30 多台正温冷藏设备的使用，另有 60 多台设备在生产中。Inficold、Ecozen 和 Cool Crop 等技术合作伙伴已创立了生产和销售冷藏设备的企业。在印度各地，不同的技术供应商已经安装了 350 多套设备。

©SELCO基金会，2022年

©SELCO基金会，2022年

©SELCO基金会，2022年

资料来源：H. Jaffer 和 S. Rajagopal，Selco 基金会，个人通信，2021 年 8 月。

项目方	项目名称	地点	目标应用领域/ 冷链要素
泰国	仓库、筒仓和冷藏法	泰国	全链条

简介

　　起草该法案的目的是鼓励私营部门加大对仓库、筒仓和冷藏设施的投资，以帮助加强渔产品和农产品的分销。这减少了审批程序和获得许可证所需的时间，使企业家更容易获得这些设施。现在的审批机构是国内贸易总干事，而不是以前批准投资的商务部长。该法案还被用来监测冷藏业务的运作，并按规定惩罚违规者和限制使用非法的、无组织的设施。

　　资料来源：Toby Peters 教授和 Leyla Sayin 博士。

项目方	项目名称	地点	目标应用领域/ 冷链要素
联合国开发计划署（UNDP）	在商业制冷领域使用基于二氧化碳技术的示范项目	摩尔多瓦共和国	冷藏、零售制冷

简介

　　联合国开发计划署和摩尔多瓦政府联合实施的淘汰氟氯烃管理计划第二阶段方案的组成部分之一是在商业制冷部门示范新技术（以天然制冷剂为基础）。第二期项目支持制冷和空调领域的示范项目（商业制冷、冷柜、冷库和食品加工、工业制冷、大型空调和冷水机系统），目的是在摩尔多瓦共和国应用现代自然制冷剂技术，如二氧化碳，并积累当地的实践经验，最终提升用户对其应用的信心。

　　为此，在联合国开发计划署网站上发布了一份征求意向的公告。收到了来自 Forward International SRL 及 STS Trading 的申请。甄选过程证实这两家公司均符合资格标准且累积了令人满意的积分，能够在冷链领域获得新的创新解决方案的资金支持，并在商业领域试用基于天然制冷剂（二氧化碳）的制冷技术。

　　资料来源：Toby Peters 教授和 Leyla Sayin 博士。

项目方	项目名称	地点	目标应用领域/ 冷链要素
联合国开发计划署和白俄罗斯自然保护部	经济转型国家逐步淘汰氟氯烃的初步能力建设	白俄罗斯	冷藏、食品加工

简介

　　自 2010 年以来，在全球环境基金（GEF）和联合国开发计划署的初步能力建设项目支持下，白俄罗斯已经逐渐淘汰了氟氯烃制冷剂。但是，白俄罗斯目前仍对 R-22 制冷剂有需求，新项目将通过确保中长期可持续淘汰来解决这一问题。

　　白俄罗斯致力于推广零臭氧消耗潜能值、低全球变暖潜能值的节能技术，以消除对 R-22 的依赖。直到最近，实现逐步淘汰的主要障碍是没有商业上可获得的、成本效益低且具有低全球变暖潜能值的 R-22 替代品。氢氟烃技术近年来逐渐被引入并在全球市场中占据主导地位，虽然其臭氧消耗潜能值是零，但全球变暖潜能值高。最初的区域氟氯烃淘汰项目由全球环境基金资助，并由联合国开发计划署支持，为通过培训提高专家使用无氢氟碳化合物技术的能力奠定了基础，特别是在分体式空调机组中使用水吸收、氨和 R-290（丙烷）的技术。

　　资料来源：X. Zhou，环境署，个人通信，2021 年 8 月。

项目方	项目名称	地点	目标应用领域/冷链要素
联合国环境规划署促进效率联盟	非洲冰箱向节能和气候友好型制冷过渡	非洲［东非共同体（EAC）］、南部非洲发展共同体（SADC）、加纳、塞内加尔和卢旺达	冷藏

简介

该项目将利用技术和资源实施"共同提高能效"的综合政策方法，支持非洲国家通过国家战略、政策和部署活动采取行动，打造节能和气候友好型制冷系统。目标包括：

· 根据市场数据，向政府提供关于部署节能和气候友好型制冷系统的节约潜力的证据；

· 为政府官员提供能力和指导方针，以制定雄心勃勃的最低能效标准（MEPS）和标签，使用低全球升温潜能值制冷剂，改善冰箱的废物管理，并解决二手冰箱的进口问题；

· 促进区域协调，以促进对政策的监督和遵守，并利用规模经济来减少前期成本；

· 制定财政机制和可持续采购计划，加快采用节能和气候友好型制冷系统；

· 提高对可持续冷却解决方案重要性的认识。

资料来源：环境署。

项目方	项目名称	地点	目标应用领域/冷链要素
联合国环境规划署促进效率联盟	模型监管指南	全球	全链条/更广泛的冷却应用

简介

该自愿性指南旨在协助正在考虑制定最低能源执行标准和能源标签的国家，用于帮助发展中国家和新兴经济体的政府建立监管或立法框架。

资料来源：环境署。

项目方	项目名称	地点	目标应用领域/冷链要素
联合国工业发展组织（UNIDO）	阿根廷超市引入跨临界 CO_2 制冷技术示范项目	阿根廷	零售制冷

简介

从 2010 年到 2016 年，阿根廷五大连锁超市的规模增长了 63%（布宜诺斯艾利斯市，2011）。在此期间，R-22（一种全球变暖潜能值高达 1760 的氟氯烃制冷剂）是零售食品制冷系统中使用最广泛的制冷剂，特别是在超市领域。鉴于该行业对 R-22 的高度依赖，阿根廷的氟氯烃逐步淘汰管理计划优先淘汰超市中使用的氟氯烃制冷剂。

2016 年 5 月，多边基金执行委员会在阿根廷批准了一个项目，通过跳过氢氟碳化物转化步骤，引入基于天然制冷剂的技术，来证明逐步淘汰氢氟碳化物的可能性。这个为期 30 个月的项目由工发组织执行，预算为 527 169 美元，目的是评价跨临界 CO_2 技术的性能和能源效率，并查明与升级这项技术有关的激励措施和障碍。

（续）

项目方	项目名称	地点	目标应用领域/冷链要素

根据联合国工业发展组织和阿根廷国家臭氧部门提出的技术要求，商业制冷设备制造公司阿根廷 EPTA 公司在其位于意大利和英国的设计总部的协助下，开发了一种 CO_2 跨临界系统设计。该试点项目在布宜诺斯艾利斯省林肯镇的一家超市进行。超市的两个中央制冷系统——一个用于低温，一个用于中温——依赖于 R-22。此外，一些独立的冷冻机组（岛式和立式伸手可及冷柜）使用 R-404A 运行，其全球变暖潜势值更高，为 3 920。

在试用期的前 11 个月，CO_2 跨临界系统消耗的电力比超市项目前的基线设备少 28%（联合国工业发展组织，2018）。此外，由于新系统的全球升温潜能值和制冷剂泄漏量大大降低，该项目实现了显著的直接减排（气候透明度，2019）。基于这些可喜的结果，接收公司 La Anónima 在可行的情况下，采用跨临界 CO_2 作为其新分支机构和翻新现有分支机构的默认技术。从 2016 年到 2020 年，阿根廷共有 7 家不同的公司在 13 家超市采用了 CO_2 跨关键系统。从 2017 年到 2020 年，同一供应商还在智利安装了 3 个这样的系统，在厄瓜多尔安装了 9 个这样的系统（联合国工业发展组织，2018）。

资料来源：联合国工业发展组织。

项目方	项目名称	地点	目标应用领域/冷链要素
联合国工业发展组织	在环境温度较高的国家的零售设施中示范 R-22 的非氢氟烃替代品：中东第一家 CO_2 冷藏超市（约旦）	约旦	零售制冷

简介

在气候和清洁空气联盟的资助下，联合国工业发展组织与约旦环境部以及约旦和意大利的技术提供商合作，于 2018 年在约旦安曼的 Al Salam 超市实施了一个使用天然制冷剂的试点项目。在该项目下，中东首个跨临界 CO_2 制冷系统在一家超市得以实施。通过全面更换超市现有的使用 R-22 的装置，该项目证明了在一个环境温度较高的国家，CO_2 跨临界系统在零售制冷方面的可行性。

该项目的目的是评估使用 CO_2 作为工作流体的系统的性能和能源效率，作为 R-22 制冷剂的替代品，R-22 制冷剂在许多发展中国家的零售装置中仍然经常使用。该系统于 2018 年 1 月安装，是一个平行压缩的 CO_2 跨临界增压系统。为了确保即使在最热的月份也能保持高效率，该系统集成了最先进的喷射器技术。它还具有用于冷藏和冷冻食品柜和储藏室的非过热蒸发器技术。系统产生的余热可以回收用于卫生热水供应，整体上进一步节约能源。

与之前的系统相比，跨临界 CO_2 制冷机组每年减少 40 000 千瓦时的电力需求，相当于每年减少 32 吨左右的 CO_2 排放。替代 R-22 的直接减排量每年约为 35 吨 CO_2 当量。该系统的成功使人们能够更好地了解该技术在高环境温度国家的适用性，并促进了国家工业的创新。

资料来源：联合国工业发展组织。

项目方	项目名称	地点	目标应用领域/ 冷链要素
世界鱼类中心	用于鱼类储存的太阳能冰箱	所罗门群岛	鱼用冰柜

简介

该项目是一项由社区主导的倡议，旨在实施简单的太阳能鱼冷机，以减少损失，增加当地妇女的养鱼收入。

资料来源：粮农组织。

项目方	项目名称	地点	目标应用领域/ 冷链要素
世界自然基金会肯尼亚分会	基加利制冷效率项目——应对寒冷前景的制冷解决方案：在东非开展可持续海产品供应链的高效制冷试点	肯尼亚	冷藏

简介

该项目旨在通过选定的示范性海滩管理单元（BMUs）在肯尼亚沿海地区试点使用清洁、高效的冷藏设施，以展示离网冷却解决方案的潜在机会，并最大限度地减少捕捞后的损失，从而为渔民创造更多收入机会。目标包括：

- 评估肯尼亚沿海渔业价值链发展的主要制约因素，并确定通过获得清洁、高效的冷却来降低收获后损失的比例；
- 在选定的海滩管理单元（BMUs）试点使用高效制冷解决方案，提高这些管理单位的能力，最大限度地发挥制冷对生计的影响；
- 与当地政府合作，为肯尼亚沿海渔业采用高效制冷技术创造有利的监管环境；
- 记录和讨论试点项目的结果。

根据渔业部在恩戈梅尼所收集的评估数据，该项目减少了捕捞后的鱼类损失：

恩戈梅尼 （2020 年）	1月	2月	3月	4月	5月	6月	7月	9月	10月	11月	12月
渔获量 （千克）	50 500	66 400	73 600	65 600	9 239	9 842	3 134	14 456	7 960	14 275	6 419
渔业损失量 （千克）	10 000	20 600	11 200	8 000	1 156	1 078	1 361	215	159	199	234

资料来源：L. Dali 和 I. Mwaura.，肯尼亚世界自然基金会，个人通信，2021 年 8 月。

项目方	项目名称	地点	目标应用领域/冷链要素
意大利	促进减少食物浪费和高效冷链发展的综合政策框架——根据意大利第166/2017号法律解决食物损失和浪费的经验	意大利	全链条

简介

意大利积极参与解决粮食损失和浪费的问题，并在该领域发挥全球领导作用，以便在不断发展的战略规定的框架内以及在欧盟层面为联合国2030年议程做出贡献。这一承诺已通过第166/2016号法律（Legge Gadda）写入国家立法，该法律包括为社会团结和减少浪费而捐赠和分发食品和药品。这有助于实现国家废物预防计划的总目标，并促进废物的回收和利用。

该法包含了国家防止食物浪费计划（PINPAS）的若干要素，其目的是促进食品和药品的回收和捐赠。它将食品垃圾定义为由于商业和美学原因或由于临近到期日期而从农业食品链中丢弃的仍可食用的食品的总和。因此，市场经营者可以自由地将剩余食品提供给从事社会公益和非营利活动的捐赠机构，也可以将这些剩余食品用作动物饲料和自堆肥，以最大限度减少食物浪费。

Gadda法通过在各相关职能部门之间建立协调执行和实施机制，提供了一个综合的政策方案。生态转型部、农业与林业部、卫生部协调合作，负责推动信息宣传活动，鼓励餐饮行业采用最佳实践，以防止食品浪费的产生。在符合Gadda法第1条和第6条的多层次方法下，相关公共行政部门拥有一系列特定的权力和工具，推动针对剩余食品再利用的举措，其中包括金融工具、物流措施以及在公共采购和招标活动中制定标准（如定量目标、教育措施、框架、计划协议）等。

可以计划一些具体措施，以实现第166/2016号法律所设定的减少整体食品浪费的目标，其中包括通过促进冷链发展和高效优化来减少浪费。

例如，在相关职能部门、其他相关当局及利益相关方之间的国家协调框架下，为实施第166/2016号法律制定特别措施。意大利生态转型部（前环境、土地和海洋部）于2018年发起了一项联合融资项目，旨在通过社会团结活动管理剩余粮食，减少粮食浪费。这就是所谓的Bando Eccedenze（剩余食品竞标计划），该计划包括冷链的特定技术。

此次招标旨在为整个食品链的剩余食品管理提供共同融资支持，包括供应、运输、储存、保存、加工和分配等环节，计划涵盖了购买相关设备，以及通过社会公益行动帮助减少食品浪费。

该项目特别支持提供一些保温或隔热的冷藏车辆、用于食品运输的保温容器、风冷机、热食品手推车、冷藏室、冰箱和冰柜。这样的设备可以充分保存原本易腐烂的新鲜食品，确保其安全管理，并通过向社会最贫困群体分发优质食品来实现社会和环境目标，从而减少食品浪费。

资料来源：F. Mannoni，生态转型部，意大利，个人通信，2021年8月。

技术和系统

项目方	项目名称	技术成熟度（TRL）；制造成熟度（MRL）	目标应用/冷链元件	能量来源	制冷剂
Ancar印度私有公司	超高效冷库/储存	4级技术成熟度；3级制造成熟度	冷库	离网；并网	未明确

（续）

项目方	项目名称	技术成熟度（TRL）；制造成熟度（MRL）	目标应用/冷链元件	能量来源	制冷剂

影响

· 热能储存节省高达 50％的电力；
· 陶瓷网改善空气质量和提供安全的负离子，使冷藏室、储存室内的空气清新，并额外节省 15％～20％的电力；
· 正在努力通过使用 R-718（水）和新技术取代热能储存来进一步降低能源消耗和提高可负担性*。

* 因保密原因，未提供详细信息。

资料来源：A. Shaikh，Ancar 印度私有公司，个人通信，2021 年 8 月。

项目方	项目名称	技术成熟度（TRL）；制造成熟度（MRL）	目标应用/冷链元件	能量来源	制冷剂
CAREL 电子有限公司	高效水循环系统	9 级技术成熟度；10 级制造成熟度	食品零售冷藏	并网	未明确

影响

与开关水回路系统相比：

· 经计算，节省能源 39％；
· 提高温度稳定性，即更好的食品保存效果和更长的保质期。

资料来源.R. Simonetti，CAREL 电子有限公司，个人通信，2021 年 8 月。

项目方	项目名称	技术成熟度（TRL）；制造成熟度（MRL）	目标应用/冷链元件	能量来源	制冷剂
CAREL 电子有限公司	实时的能量优化	9 级技术成熟度；10 级制造成熟度	食品零售冷藏	并网	R-410A

影响

对中国广州附近一家大型超市的运行情况与传统商店进行了比较，该超市安装了 7 台总制冷量为 63 千瓦的 Heos 系统机组，而传统商店则使用 R-404A 开关机组。

· 经计算，每吨可节省 28％的能源；
· 投资回报率（ROI）预估不到 16 个月。

资料来源：R. Simonetti，CAREL 电子有限公司，个人通信，2021 年 8 月。

项目方	项目名称	技术成熟度（TRL）；制造成熟度（MRL）	目标应用/冷链元件	能量来源	制冷剂
Coldway 技术公司	固体气体氨吸附技术（天然制冷剂）	10 级技术成熟度；10 级制造成熟度	运输（大型及小型货车、小型货柜于同一地点交货）	可以通过外部各种能源输入热量来多次充电	R-717

（续）

项目方	项目名称	技术成熟度（TRL）；制造成熟度（MRL）	目标应用/冷链元件	能量来源	制冷剂

影响

截至 2021 年 9 月，Coldway 技术公司已在 10 个国家（主要在欧洲）部署了 1 500 台设备。

- 工作原理是氨与盐和石墨混合物之间的基本化学反应，所有反应物都放置在不锈钢圆筒中。
- 阶段一：当阀门打开时，氨在罐内蒸发并产生制冷，而氨气被反应器中的盐吸收，从而生成热量。这种冷热同时产生的过程可以实现从 −40℃ 到超过 200℃ 的温度变化。冷热生产可以随时随地启动，无需插电。
- 阶段二：一旦氨气完全蒸发，热和冷的生产停止，系统可以通过各种能源（电力、太阳能、工业废热回收等）的外部热源进行充能，这促进了氨气的冷凝。一旦重新充能，固体-气体吸附系统将储存能量，随时准备再次使用。
- 在使用传统柴油发动机的 2.5 米³ 车辆上，该系统每年可减少 5.3 吨 CO_2 排放。在一辆电动汽车上，该系统每年可以减少 26 吨的 CO_2 排放。

资料来源：D. Tadiotto，Coldway 技术公司，个人通信，2021 年 8 月。

项目方	项目名称	技术成熟度（TRL）；制造成熟度（MRL）	目标应用/冷链元件	能量来源	制冷剂
Danfoss	可持续冷却，间歇供电	5 级技术成熟度；8 级制造成熟度	农场冷藏；冷藏；余热回收	离网太阳能	未指定

影响

- 提高食品质量；
- 减少粮食损失；
- 稳健运营；
- 减少温室气体排放；
- 增加粮食产量；
- 通过热能储存（冰）提高韧性。

资料来源：T. Funder-Kristensen，Danfoss，个人通信，2021 年 8 月。

项目方	项目名称	技术成熟度（TRL）；制造成熟度（MRL）	目标应用/冷链元件	能量来源	制冷剂
Devidayal 太阳能解决方案有限公司	可为部落妇女存储果肉的太阳能冰箱	7 级技术成熟度；10 级制造成熟度	冷藏	离网太阳能	未指定

（续）

项目方	项目名称	技术成熟度（TRL）；制造成熟度（MRL）	目标应用/冷链元件	能量来源	制冷剂

影响

· 减少性别不平等，所有项目受益者都是来自农村和部落地区的妇女；

· 安装后，由于可以保持产品的质量，果肉价格从每千克 4～5 印度卢比提高到每千克 12 印度卢比；

· 安装后，产能将增加到上一季的 2.5 倍，随着产量的增加，公司计划通过不同的平台在线销售产品；

· 重点产品是果肉，但公司也提供其他增值产品，如水果奶昔、水果冰淇淋、种子粉、茶等；该公司还在努力开发蔬菜领域的新产品；

· 目前正在进行一项独立的影响评估，但据估计，已经为部落地区的妇女创造了 300 多个季节性工作岗位。

资料来源：T. Devidayal, Devidayal 太阳能解决方案有限公司，个人通信，2021 年 8 月。

项目方	项目名称	技术成熟度（TRL）；制造成熟度（MRL）	目标应用/冷链元件	能量来源	制冷剂
Ecozen 解决方案有限公司	Ecofrost 项目	9 级技术成熟度；10 级制造成熟度	冷藏	离网太阳能	R-407F

影响

基于 2018 年在印度维谷鲁（Veguru）村安装的 300 米^2 的冷库：

· 使用 Ecofrost 项目太阳能冷室的农民的净收入比没有使用 Ecofrost 项目太阳能冷室的农民高出近 63%；

· 能够使用 Ecofrost 项目太阳能冷库的农民的商品最低价格为每千克 5 000 印度卢比，而不能使用 Ecofrost 项目太阳能冷库的农民的商品最低价格为每千克 2 000 印度卢比；

· 该装置每年减少 516.16 千克的 CO_2 排放量；

· 采用热备份技术，每年可节省 189.07 升柴油；

· 灵活的各种商业模式：预先购买，租赁或出租，或社区模式。

©Ecozen解决方案有限公司

©Ecozen解决方案有限公司

©Ecozen解决方案有限公司

©Ecozen解决方案有限公司

资料来源：R. Dolare, Ecozen 解决方案有限公司，个人通信，2021 年 8 月。

项目方	项目名称	技术成熟度（TRL）；制造成熟度（MRL）	目标应用/冷链元件	能量来源	制冷剂
Eja-Ice	太阳能冰箱——用于最后一英里交付运输的太阳能制冷三轮车	9级技术成熟度；9级制造成熟度	冰箱用于鱼、鸡、酸奶、冰淇淋和牛奶配送	离网太阳能	R600a

影响

Eja-Ice通过先租后买计划向尼日利亚渔业供应链中的女性提供太阳能冰箱，以期通过增加固定资产的方式提升包容性。这些资产使妇女有机会进行可持续的贸易，养家糊口，并提供冷冻鱼和鸡肉等营养食品。Eja-Ice还通过提供技术风险缓解措施，如36个月的技术支持和保险（入室盗窃、火灾和信用人寿保险），帮助妇女减少风险。Eja-Ice还提供展示冷冻机和冰淇淋冷冻机，以支持乳制品行业。

此外，Eja-Ice还提供太阳能驱动的移动冷链解决方案，能够提供主动冷却（−20℃）以支持制造商最后一英里的冷链需求，并提供车队管理工具，以帮助减少浪费并为企业实现准时生产。

资料来源：Y. Bilesanmi, Eja-ice, 个人通信, 2021年8月。

项目方	项目名称	技术成熟度（TRL）；制造成熟度（MRL）	目标应用/冷链元件	能量来源	制冷剂
爱默生	一种用于超市制冷的新型分布式涡轮增压器结构	7级技术成熟度；7级制造成熟度	零售制冷	并网	R-513A（未来可兼容A2L制冷剂，如R-516A和R-1234yf）

影响

与分布式系统相比，该单元提供的好处包括：

· 减少制冷剂的用量；

· 更高的系统效率；

· 能够使用技术人员熟悉的常用制冷剂和部件；

· 更低的泄漏率；

· 未来与R-516A和R-1234yf等A2L制冷剂兼容。

资料来源：R. Patenaude和R. Rajendran, 爱默生商业住宅解决方案有限公司。

项目方	项目名称	技术成熟度（TRL）；制造成熟度（MRL）	目标应用/冷链元件	能量来源	制冷剂
蒸发器	制冷与电力解耦	9级技术成熟度；10级制造成熟度	冷藏	离网	不需要

影响

蒸发器是一种低成本、无电的移动制冷装置，它利用蒸发作用来保持易腐农产品的低温。蒸发器采用其专利的PhaseTek™膜技术，可实现并增强蒸发冷却。当内部储层充满水时，该技术就会启动，然后装置壁开始通过蒸发冷却从装置内部抽出热量。

蒸发冷却系统在炎热、干燥气候的地区特别有效，运行成本相对较低，是传统的基于制冷剂的主动冷却系统的一个很好的替代方案。

资料来源：环境署。

项目方	项目名称	技术成熟度（TRL）；制造成熟度（MRL）	目标应用/冷链元件	能量来源	制冷剂
Koolboks	制冷（冰蓄热器）	不适用	食品零售冷藏	离网太阳能	R-600a

影响

Koolboks 冷冻机使用相变材料进行节能和优化。根据冷冻室的大小，它至少包含 10 升相变材料。

■ **冰蓄热：**冰电池激活后可以保留冷能，从而减少压缩机冷却冷冻室所需的能量，大大提高压缩机的能源效率。冰电池可维持机柜温度 4～7 天。

Koolboks 的分析表明，冰电池储存的能量相当于：

· 用于 158 升冰箱的 12 伏 150 安时铅酸电池；
· 用于 208 升冰箱的 12 伏 200 安时铅酸电池；
· 用于 538 升冰箱的 12 伏 220 安时铅酸电池。

■ 压缩机采用低启动转矩技术，这意味着需要低启动功率才能有效启动和运行制冷回路。

■ 158 升及 208 升的冰柜有 105 毫米的保温厚度和双层垫圈，以加强有效的冷能储存。

■ Koolboks 采用了租赁拥有的商业模式，使客户能够在小额分期付款的情况下享受买得起的离网冰箱。该模式通过"按使用付费"（Pay-As-You-Go，PAYG）技术实现，该技术通过使用移动货币和连接 GSM 网络的设备来远程控制和监控冰箱的使用、计费和性能。

■ Koolbox 的目标是到 2023 年，通过更换 16 644 台低效冰箱，将尼日利亚的碳排放量减少 4 080 吨。到 2026 年，通过更换 13 万台低效冰箱，减少 31 872 吨的碳排放。

资料来源：A. Dominic，Koolbox，个人通信，2021 年 8 月。

项目方	项目名称	技术成熟度（TRL）；制造成熟度（MRL）	目标应用/冷链元件	能量来源	制冷剂
新叶动态技术有限公司	GreenCHILL 生物燃料冷藏室	9 级技术成熟度；10 级制造成熟度	冷藏	离网太阳能	R-717

影响

GreenCHILL 使用生物质能代替电力或化石燃料，通过吸附制冷技术实现制冷。该技术使用水和 R-717 的溶液作为零全球变暖潜能值的制冷剂。吸附循环由热水提供动力，热水由使用生物质作为热源的锅炉提供。GreenCHILL 的系统可以与任何标准的工业级 10～20 吨冷库（最大可支持 150 吨的容量）集成，广泛应用于冷藏、预冷、催熟室或牛奶冷却。GreenCHILL 替代了传统的直接膨胀制冷系统，能独立运行且无需依赖电网电力、太阳能或柴油发电机。由于系统的活动部件极少，它几乎无噪音，且维护需求非常低。

到目前为止，新叶动态技术有限公司已经安装了 800 吨的冷藏空间，使印度各地的 5 000 多名农民受益。作为农场易腐产品的营销平台，每年每安装一个装置就能产生 6 000 美元的额外收入。新叶动态技术有限公司还对 200 多名农民进行了收获后管理方面的培训，目标是将收获后损失从目前的 30% 以上减少到 5% 以下。此外，新叶动态技术有限公司还培训和雇用当地妇女和青年负责 GreenCHILL 的日常运营，从而让每个装置提供了 3 个就业岗位，为从事农业生产的女性赋能。

©Akash Agarwal

一个 GreenCHILL 通过用当地可获得的碳中和生物质能取代由煤电供电的热电网，每年可减少约 40 吨温室气体排放。对于一个 20 吨的冷库系统来说，它每月可节省约 4 500 千瓦时电。

资料来源：A. Agarwal，新叶动态技术有限公司，个人通信，2021 年 8 月。

项目方	项目名称	技术成熟度（TRL）；制造成熟度（MRL）	目标应用/冷链元件	能量来源	制冷剂
Pluss Advanced 科技有限公司	Mass Effekt™	9 级技术成熟度；9 级制造成熟度	用于冷藏/仓库的相变材料（PCM）填充 HDPE 瓶	被动	未明确

影响

· 降低制冷系统的能源消耗高达 25%；
· 提供高投资回报率（ROI），投资回收期少于 3 年；
· 通过热管理系统提高效率；
· 减少对电的依赖；
· 减少对化石燃料的依赖；
· 将高峰电力负荷转移到非高峰时段；
· 为关键温度应用提供支持。

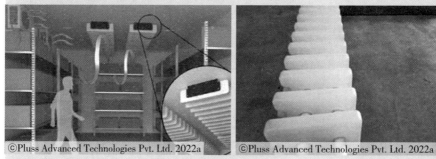

©Pluss Advanced Technologies Pvt. Ltd. 2022a   ©Pluss Advanced Technologies Pvt. Ltd. 2022a

资料来源：S. Jain，Pluss Advanced 科技有限公司，个人通信，2021 年 8 月。

项目方	项目名称	技术成熟度（TRL）；制造成熟度（MRL）	目标应用/冷链元件	能量来源	制冷剂
Pluss Advanced 科技有限公司	PronGo® 最后一英里配送解决方案	9 级技术成熟度；9 级制造成熟度	带有 PCM 填充瓶/袋的隔热箱，用于最后一英里的交付	被动	未明确

影响

· 旨在用 PronGO® 取代一次性解决方案，PronGO® 可重复使用约 3 年，并且可以在使用寿命结束时轻松回收，减少一次性 EPSand 凝胶包造成的浪费，并降低整体供应链成本；
· 减少最后一英里配送过程中的食物浪费；增加农民收入；
· 支持部分装载运输，让不同温度的产品可以在同一车辆中一起运输，利用箱级温差；
· 在较高的保温条件下增加配送半径。

（续）

项目方	项目名称	技术成熟度（TRL）；制造成熟度（MRL）	目标应用/冷链元件	能量来源	制冷剂

©Pluss Advanced Technologies Pvt. Ltd. 2022b ©Pluss Advanced Technologies Pvt. Ltd. 2022b

资料来源：S. Jain，Pluss Advanced 科技有限公司，个人通信，2021 年 8 月。

项目方	项目名称	技术成熟度（TRL）；制造成熟度（MRL）	目标应用/冷链元件	能量来源	制冷剂
Pluss Advanced 科技有限公司	热能储存功能的混合冷冻机，可提高能源效率	9 级技术成熟度；10 级制造成熟度	装有 PCM 的冰箱和冷却器	并网	未明确

影响

• 提供 12～16 小时的支持；
• 减少粮食损失和浪费，增加农民收入；
• 在高需求期间帮助实现负载平衡和调峰；
• 由于在停电期间减少了柴油的使用，每月可节省高达 2 640 印度卢比的能源成本（按 1 天停电 16 小时计算）。

资料来源：S. Jain，Pluss Advanced 科技有限公司，个人通信，2021 年 8 月。

项目方	项目名称	技术成熟度（TRL）；制造成熟度（MRL）	目标应用/冷链元件	能量来源	制冷剂
Pluss Advanced 科技有限公司	基于 PCM 的冷藏车	9 级技术成熟度；8 级制造成熟度	冷藏车制冷机组	被动	未明确

影响

• ThermoTab™活性 PCM 板可使容器内温度保持 10～12 小时；
• 在运输过程中提供 100％无化石燃料制冷，减少温室气体排放；
• 减少粮食损失，增加农民收入；
• 改善农民的市场连通性；
• 减少高达 90％的运营成本。

资料来源：S. Jain，Pluss Advanced 科技有限公司，个人通信，2021 年 8 月。

项目方	项目名称	技术成熟度（TRL）；制造成熟度（MRL）	目标应用/冷链元件	能量来源	制冷剂
Pluss Advanced 科技有限公司	热能储存功能的混合冷冻机，可提高能源效率	9 级技术成熟度；10 级制造成熟度	装有 PCM 的冰箱和冷却器	离网太阳能	未明确

影响
- ThermoTab™活性 PCM 板可使冷室温度保持 18～20 小时；
- 减少柴油消耗；
- 独立于电网的可再生能源解决方案，减少温室气体排放；
- 将粮食损失减少 80%，保质期延长至 10 天，增加农民收入；
- 降低从农场到市场的供应链的总体成本。

资料来源：S. Jain，Pluss Advanced 科技有限公司，个人通信，2021 年 8 月。

项目方	项目名称	技术成熟度（TRL）；制造成熟度（MRL）	目标应用/冷链元件	能量来源	制冷剂
普罗米修斯能源系统	微型制罐机	9 级技术成熟度；10 级制造成熟度	牛奶冷却器	离网太阳能	未明确

影响
- 提高了从村庄收集的牛奶的质量；
- 增加了小农户进入有组织市场的机会；
- 通过热能储存减少柴油的使用；
- 每年减少 1 250 千克碳排放（考虑到同等设备在 50% 的时间内使用备用柴油发电机运行）；
- 灵活的各种商业模式：直销、租赁模式或根据使用付费模式。

资料来源：J. Ghelan，普罗米修斯能源系统，个人通信，2021 年 8 月。

项目方	项目名称	技术成熟度（TRL）；制造成熟度（MRL）	目标应用/冷链元件	能量来源	制冷剂
太阳能冷却工程（SelfChill 联盟的一部分）	本地生产的太阳能模块冷却系统（SelfChill 方式）	7 级技术成熟度；5 级制造成熟度	冷藏；牛奶冷却；冰块生产	离网太阳能	R-600a

影响
- 创新供应链模式：目标国家、地区的当地 SelfChill 合作伙伴仅从德国 SelfChill 购买他们需要的组件，并在当地采购剩余材料。他们负责当地冷却解决方案的组装、安装和维护。SelfChill 合作伙伴可以通过提供易于维护的定制系统来满足客户的需求。
- 提高食品质量和食品安全水平。
- 减少粮食损失；增加农民收入。
- 减少对化石燃料和电网的依赖，利用太阳能和热能储存（冰）。

（续）

项目方	项目名称	技术成熟度（TRL）；制造成熟度（MRL）	目标应用/冷链元件	能量来源	制冷剂

©太阳能冷却工程 2022　　©太阳能冷却工程 2022　　©太阳能冷却工程 2022

资料来源：S. Mettenleiter 和 V. Torres-Toledo，SelfChill，个人通信，2021 年 8 月。

项目方	项目名称	技术成熟度（TRL）；制造成熟度（MRL）	目标应用/冷链元件	能量来源	制冷剂
冷王/特灵科技	使用 TK E-200 冷却系统的梅赛德斯奔驰 E-Sprinter	9 级技术成熟度；10 级制造成熟度	用于最后一英里的配送移动制冷装置	全电动，使用奔驰短跑辅助电池	未明确

影响
· 将设备的化石燃料量排放降为零；
· 采用下一代低全球升温潜能值制冷剂，进一步减少直接排放。

资料来源：B. Tacka，特灵科技，个人通信，2021 年 8 月。

图书在版编目（CIP）数据

可持续食品冷链：机遇、挑战和前进之路／联合国
粮食及农业组织，联合国环境规划署编著；张落桐等译.
北京：中国农业出版社，2025.6. -- （FAO中文出版计
划项目丛书）. -- ISBN 978-7-109-33288-1

Ⅰ. F252.8

中国国家版本馆CIP数据核字第20253PW800号

著作权合同登记号：图字01-2024-6394号

可持续食品冷链：机遇、挑战和前进之路
KECHIXU SHIPIN LENGLIAN：JIYU、TIAOZHAN HE QIANJIN ZHILU

中国农业出版社出版
地址：北京市朝阳区麦子店街18号楼
邮编：100125
责任编辑：郑　君　　文字编辑：廖青桂
版式设计：王　晨　　责任校对：吴丽婷
印刷：北京通州皇家印刷厂
版次：2025年6月第1版
印次：2025年6月北京第1次印刷
发行：新华书店北京发行所
开本：700mm×1000mm　1/16
印张：8.5
字数：162千字
定价：79.00元